섬김과 순종으로 세워가는

행복한 교회

섬김과 순종으로 세워가는 행복한 교회

저자 김병태

초판 1쇄 발행 2012. 3. 21.
초판 13쇄 발행 2024. 1. 10.

발행처 도서출판 브니엘
발행인 권혁선

책임교정 조은경
책임영업 기태훈
책임편집 브니엘 디자인실

등록번호 서울 제2006-50호
등록일자 2006. 9. 11.

서울특별시 송파구 백제고분로28길 25 B101호 (05590)
마케팅부 02)421-3436
편집부 02)421-3487
팩시밀리 02)421-3438

ISBN 97989-93239-62-1 13230

독자의견 02)421-3487
이메일 editorkhs@empal.com

북카페 주소 cafe.naver.com/penielpub.cafe
인스타그램 @peniel_books

이 책은 저작권법에 따라 보호받는 저작물이므로 무단전제 및 무단복제를 금합니다.
이 책의 전부 또는 일부를 이용하려면 반드시 사전에 저작권자와 도서출판 브니엘의 동의를 받아야 합니다.

도서출판 브니엘은 독자들의 원고를 설레는 마음으로 기다리고 있습니다.
위의 이메일로 간단한 기획 내용 및 원고, 연락처 등을 보내주십시오.

도서출판 브니엘은 갓구운 빵처럼 항상 신선한 책만을 고집합니다.

섬김과 순종으로 세워가는 **행복한 교회**

Happy church to build as service and obedience

김병태 | 지음

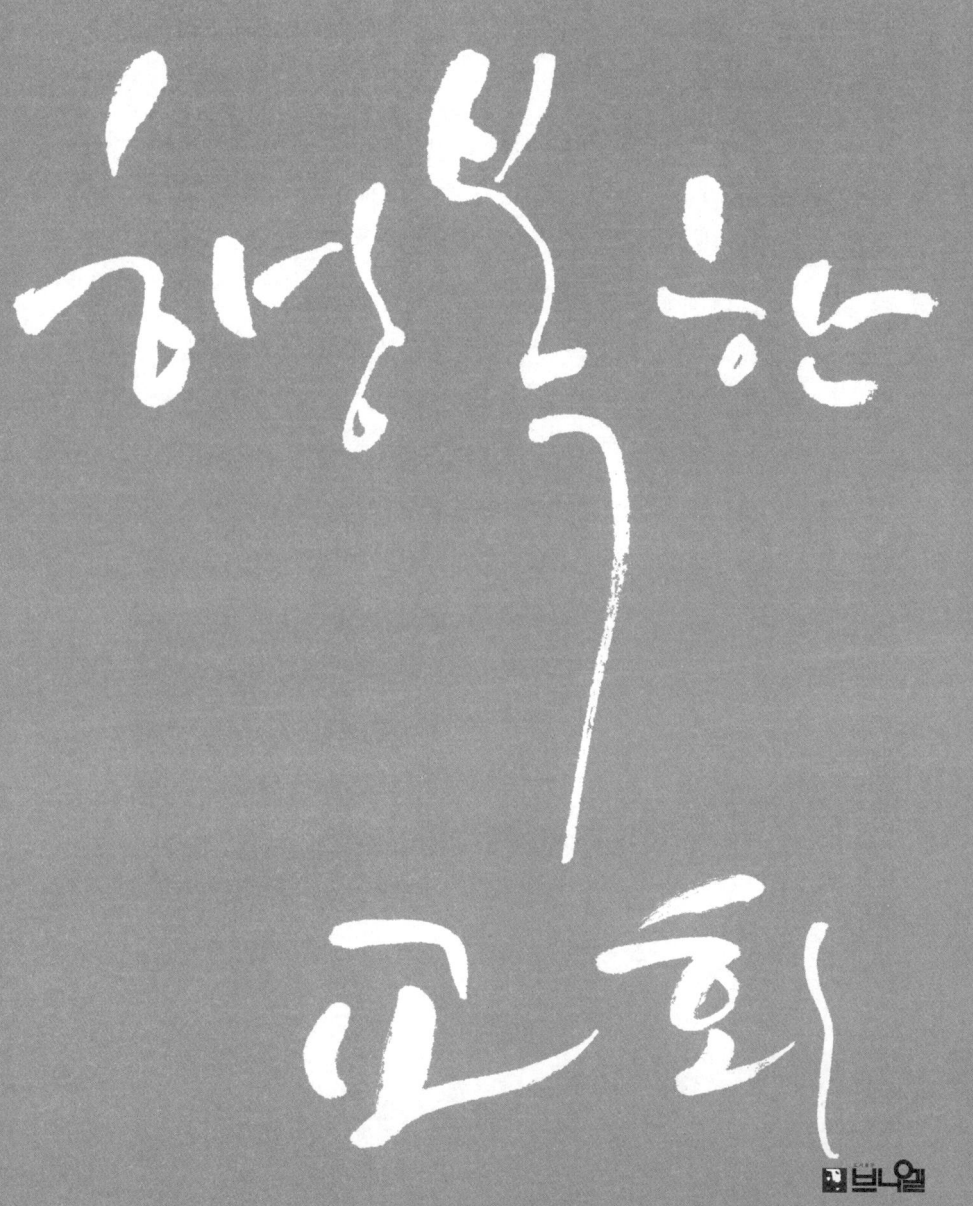

| 프롤로그 |

세계적인 건축가로서 명성을 떨치는 홍콩의 아론 탄이 한국에 와서 느낀 점을 이렇게 말했다. "한국에 오면 항상 인상적인 게 도시 야경 속에 빛나는 십자가예요. 교회가 정말 많죠. 올 때마다 십자가는 더 늘어나는 것 같아요."

오래 전의 이야기지만, 1981년 테레사 수녀가 한국을 방문했을 때 라디오 방송에서 이런 질문을 했다. "한국에 와서 어떤 느낌을 받았습니까?" 그랬더니 테레사 수녀는 이렇게 대답했다. "한국에 와서 두 가지에 놀랐습니다. 첫째는 김포 공항에 도착했을 때 비행기 아래로 십자가 네온사인이 엄청나게 많이 보여서 놀랐습니다. 둘째는 교회가 그렇게 많은데도 한국 거리에서는 기독교 문화를 전혀 찾아볼 수 없다는 것에 놀랐습니다."

이 땅에 술집이 많은 것보다야 교회 종탑에서 반짝이는 십자가가 많다는 건 정말 축복일 게다. 경찰서 10개보다 교회 한 개가 더 귀하다는 말도 맞을 게다. 한때 한국교회와 크리스천들은 조국의 역사를 바꾸어놓았고, 민족적인 위기 상황에서 지대한 역할을 감당했던 게 사실이다.

그러나 오늘날 한국교회와 성도들은 그 영향력을 이미 상실했다. 심지어 자정 능력도 잃어가고 있다. 아니 어쩌면 맛을 잃고 짓밟히는 소금처럼 되고 말았다. 교회도 탄식하고 있지만 세상도 교회를 바라보면서 실망하고 있다. 교회가 세상을 걱정하는 게 아니라 세상이 교회를 걱정하는 시대가 되고 말았다. 세상이 그리스도인을 감당하기 힘든 게 아니라 그리스도인이 세상을 감당하지 못하고 있는 실정이다.

아마 성숙보다는 수적 성장에 집중하고 내면의 변화보다 외적인 변화에 몰두한 결과가 아니겠는가? 교육과 훈련은 했지만 지적 충족과 가슴보다는 머리를 키운 부작용이 나타나는 현상은 아닐까? 예수를 믿으면 구원받는다는 단순한 신앙의 도식과 이신칭의 교리의 편향된 구원관도 한몫했을 것이다.

불행하게도 한국교회는 이미 정체에서 하향곡선을 그리고 있다. 목회자의 탈선과 부도덕이 교회를 멍들게 했고, 성도들의 일탈과 영적 침체가 대사회적인 영향력을 상실하고 말았다. 그럴지라도 교회를 향한 하나님의 마음은 변함없다. 여전히 교회를 통해 구원을 이루시고, 하나님 나라를 진전시켜나가고 계신다. 그래서 노만 빈센트 필 목사는 교회에 대해 이렇게 말했다. "때로는 교회가 부패하고 허물과 모순투성이로 보일 수 있으나 하나님의 섭리와 인간의 구원과 희망이 실현되는 곳은 오직 교회뿐이다."

윌리엄 바클레이 교수는 영국이 낳은 유명한 성경신학자이자 주석가이다. 그는 평생 성경을 연구하고 교회를 섬겼다. 말년에 쓴 저서들을 통해 그는 하나님의 약속과 교회의 중요성을 매우 강조했다. 하나님의 약속은 교회를 통해 성취된다는 것이다. 그의 유언 같은 말이 있다. "나는 교회를 믿는다"(I believe church). 오늘날 한국교회 역시 이 확신에서 출발해야 한다. 하나님이 주도하시는 교회에 대한 믿음!

교회의 영광을 회복하고, 교회가 하나님의 마음을 시원하게 하려면 이제 변화와 성숙에 초점을 두면서 건강한 교회를 찾아 나서야 한다. 행복한 교회, 감동을 주는 성도로 새롭게 변해가야 한다. 그렇지 않고는 이미 기울어진 하향곡선을 되돌려놓을 수 없다.

춘추시대 송나라에 술 장사꾼 장씨가 있었다. 그는 술 빚는 재주가 탁월했다. 그의 성품 역시 누구에게나 친절했다. 게다가 정직하기까지 해서 술의 양이나 품질을 절대 속이지 않았다. 그런데 어찌 된 영문인지 아무도 그의 주막에 술을 사러 오지 않았다. 공들여 애써 빚었지만 팔리지 않은 술은 매번 버려야 했다. 아깝지만 어찌하랴. 그런데 안타까운 건 도무지 그 이유를 알 수 없다는 것이었다. 어느 날 그는 마을에서 현명하다고 소문난 어르신을 찾아가서 물었다.

"왜 제 주막은 장사가 되지 않을까요?"

"혹시 자네 주막을 지키는 개가 사납지 않나?"

"개가 사납기는 합니다만, 그것과 무슨 상관이 있습니까?"

"주막 앞에 사람이 지나가면 사나운 개가 어른, 아이 가리지 않고 물어뜯을 듯 짖어대는데 제아무리 술맛이 좋다 한들 개에게 물릴 것을 감수하고 술 사러 올 사람이 있겠는가.”

그렇다. 하나님의 나라를 위해 섬기고, 그리스도의 몸인 교회를 섬기는 일꾼이 까칠하고 사나워서야 누가 교회의 문턱을 넘어 들어오겠는가? 목회자가 사나울 수 있고 중직자가 사나울 수도 있다. 어쩌면 지금 수많은 한국교회에서 사나운 개처럼 짖어대는 이들이 득실거리는지도 모른다. 사실 교회의 외형건물보다, 각종 좋은 프로그램보다 더 중요한 건 바로 '사람'이다. 목회자와 성도들이 가정이나 지역주민에게 선한 영향력을 끼치고 칭찬을 듣는다면, 그 교회는 반드시 성장하고 부흥하게 될 것이다. 온 성도가 서로 웃으면서 예배하고 섬기는 건강한 공동체, 행복한 교회가 되려면 '거치는 자'가 없도록 영적 쇄신을 도전해야 한다(고전 10:32).

행복한 교회, 감동을 주는 교회는 상처가 없는 교회가 아니라 상처를 줄여가는 교회이다. 그러기 위해 상처를 일으키는 요인을 제거해나간다. 사탄의 DNA를 십자가의 피로 끊어버린다. 말씀으로 악한 영의 지배에 대항한다. 성령의 능력을 덧입어 불의의 힘에 저항한다. 행복한 교회는 건강성을 넘어 감동을 주는 공동체이다. 건강한 생각과 성숙한 태도로 감동을 창출한다. 덕스러운 말로 감동을 불러일으킨다. 사람에게 희망을 두고 감성을 창조하고 서로 소통하며 사역한다.

0.3퍼센트의 소금물이 바닷물을 썩지 않게 한다. 한때 한국교회 교인 수는 전체 인구의 3%밖에 되지 않았지만 사회를 바꾸기에 충분한 힘을 갖고 있었다. 지금 우리에게는 세상을 변혁시킬 수 있는 강력한 예수 그리스도의 군사가 필요하다. 비록 소수일지라도.

이미 주변에서 이렇게 저렇게 교회에 대한 상처와 환멸을 경험했는가? 이 책을 읽으면서 교회에 대한 희망을 발견하게 될 것이다. 교회에 대한 실망을 딛고 일어서서 건강한 교회로 세워가는 방법도 깨닫게 될 것이다. 감동을 만들어가는 행복한 교회를 회복하기 위한 구체적인 치유책도 터득하게 될 것이다. 늦었다는 걸 발견하는 때가 기회인지 모른다. 지금부터라도 하나님의 영광이 가득한 감동을 주는 행복한 교회를 꿈꿔보길 바란다. 안티크리스천들에게까지 감동을 불러일으키는 그날까지. 교회에 대한 호감도와 신뢰감을 가질 수 있도록!

감동이 있는 행복한 교회를 꿈꾸는
글쓴이 김병태

C·O·N·T·E·N·T·S
차 례

프롤로그 _ 005

01. 행복한 교회는 가족처럼 친밀하다 _ 013
가족의 친밀함을 회복하라 | 행복한 'We' 철학으로 무장하라
'하나 됨'을 꽃피우라 | 기러기에게서 지체의식을 배우라
초대교회를 벤치마킹하라

02. 행복한 교회는 성령의 통치에 민감하다 _ 037
성령의 영향권 아래 있는 교회를 만들라 | 직분과 은사를 최대한 활용하라
훈련된 평신도 사역자를 세우라 | 상식을 뛰어넘는 교회가 되라

03. 행복한 교회는 상처의 연쇄작용을 깨뜨린다 _ 061
비교하고 질투하지 말라 | 어떤 이유로도 다투지 말라
비난을 싹 틔우지 말라 | 오해의 불씨를 제거하라
정죄하고 모함하지 말라

04. 행복한 교회는 분열을 조장하지 않는다 _ 085
거짓말하지 말고 현혹당하지 말라 | 이간질로 분열을 조장하지 말라
불평하고 원망하지 말라 | 험담은 발사된 총알이다
유언비어는 세 사람을 죽인다

05. 행복한 교회는 열린 생각으로 사랑한다 _ 109

생각은 운명을 좌우한다 | 사탄에게 생각의 문을 열어주지 말라
다르게 생각하는 훈련을 하라 | 생각의 틀을 바꾸라

06. 행복한 교회는 섬김으로 감동을 준다 _ 129

나보다 남을 먼저 배려하라 | 섬김으로 공동체에 윤활유를 뿌리라
용서로 아름다운 복수를 기획하라 | 헌신으로 행복의 불을 지피라
웃음과 미소로 타인의 마음을 열어라

07. 행복한 교회는 따뜻한 말로 희망을 준다 _ 155

주님의 마음으로 위로하고 격려하라 | 인생을 바꾸는 칭찬을 자주 하라
축복의 말로 행복을 감염시키라 | 오직 희망만을 말하라

08. 행복한 교회는 사람에게 가치를 둔다 _ 179

사람에게 가치를 두라 | 다른 사람에게 많은 관심을 가지라
하나님을 존중하듯 다른 사람을 존중하라 | 다른 사람을 돌보라

09. 행복한 교회는 서로 소통한다 _ 201

소통에 사활을 걸라 | 공동의 선을 위해 서로 협력하라
서로 한발씩 양보하라 | 차이를 넘어 조화로 나아가라

C·H·A·P·T·E·R·1
행복한 교회는 가족처럼 친밀하다

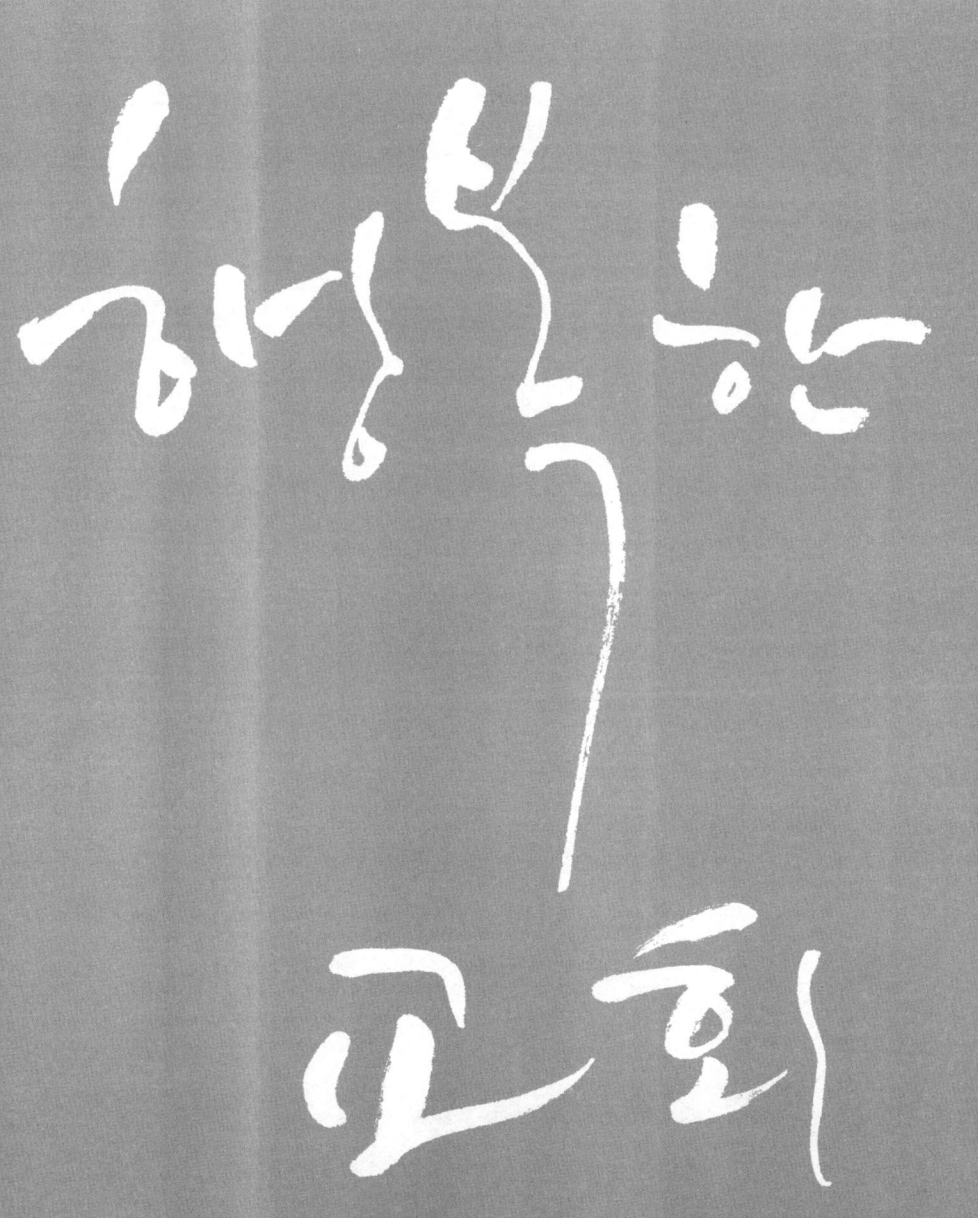

성도는 마땅히 '나 의식'이 아니라 '우리 의식'을 가져야 한다.
'I' 철학에서 'We' 철학으로 옮겨가야 한다. 나를 강조하면
상처를 만들지만 우리를 강조하면 상처를 줄일 수 있다.

과거 화려한 영광을 자랑하던 유럽교회는 이제 관광 명소로 간신히 그 명맥만 유지하고, 교회 내부는 그저 노인들의 쓸쓸한 놀이터로 전락하고 말았다. 그러나 이건 유럽교회만의 현상이 아니다. 한국교회도 정체를 넘어 이미 마이너스 성장으로 치닫고 있다.

이에 위기감을 느낀 한국교회는 위기를 극복하기 위해 전도에 박차를 가하고 있다. 그러나 '전도하는 교회'보다 더 중요한 문제가 남아 있다. 바로 '전도가 되게 하는 교회'로 전환하는 것이다. 아무리 애써서 전도한다고 할지라도 전도가 되게 하는 교회로 전환하지 않으면 전도가 안 될 뿐 아니라 전도되어 온 사람들도 교회에 정착시키기 어렵다.

교회 부근에 살면서 교회를 욕하고 목회자를 비난하는 교인이 있다

면, 그들의 전도에 이끌려 교회를 찾아올 사람이 어디 있겠는가? 아픔과 상처를 보듬어주고 감싸주기보다 오히려 그것을 들추어내고 더 큰 아픔을 준다면, 그런 공동체를 찾아오고 싶은 사람이 어디 있겠는가? 상황이 이렇다면 아무리 전도하기 위해 애쓸지라도 전도는 어렵다. 서로의 약점과 허물을 감싸줄 줄 모르고 서로 비난하고 험담만 하는 교회에 누가 머물고 싶겠는가?

전도가 되게 하는 교회는 단순히 교회시설을 현대화한다고 이뤄지는 게 아니다. 물론 교회가 현대인의 감각에 맞는 시설을 갖추는 것도 중요하다. 이런 것은 분명히 교회 성장의 주요한 요소이다. 그런데 그보다 더 중요한 것이 있다. 그것은 바로 불신자에게 비취는 교회의 이미지부터 바꿔야 한다는 것이다. 교회의 분위기를 새롭게 해야 한다. 그러기 위해서는 사람부터 바뀌어야 한다. 교회를 가족으로 볼 수 있는 철학과 정신을 가진 사람 말이다. 사람이 바뀌지 않고 외적인 이미지의 변화만으로는 절대 이뤄지지 않는다.

가족의 친밀함을 회복하라

바울은 이방인이었던 에베소교회 교인들에게 이렇게 말한다. "그러므로 이제부터 너희는 외인도 아니요 나그네도 아니요 오직 성도들과 동일한 시민이요 하나님의 권속이라"(엡 2:19). 유대인의 관점에서 이방인은 '어울릴 수 없는 사람들'이었다. 선민의식과 특권의식으로 꽉 찬 유대인의 사고로는 이방인과 조화를 이루기가 쉽지 않았다. 유대인은 이방인을 부정하고 더러운 존재로 생각했다. 그래서 교제를 나누려 하지 않았고 함께 식사하기도 꺼려했다.

그러나 바울은 십자가가 막힌 담을 허물었다고 선포한다. 멀리 떨어져 있던 그들이 이제 가까운 관계로 회복될 수 있는 근거가 있다고 강변한다. 아니, 이들은 같은 시민이요 하나님의 가족이다. 배타적인 관계가 아니라 행복한 가족관계이다. 얼굴과 등을 돌리며 외면해야 할 사람들이 아니다. 꽁꽁 묶인 마음을 열어야 한다. 그리고 누가 먼저라고 할 것 없이 화해의 손을 내밀어야 한다.

예수님은 분명히 하나님의 뜻을 따르는 모든 사람을 가족의 개념으로 확대하셨다. "누구든지 하늘에 계신 내 아버지의 뜻대로 하는 자가 내 형제요 자매요 어머니이니라"(마 12:50). 가족의 개념이 모호해지고 해체의 위기에 놓인 가정을 보면서 우리는 이렇게 고백해야 한다. "교회는 예수님이 만드신 대안 가족이다!" 그래서 우리는 "교회는 확대 가족이요 가정은 작은 교회이다"라고 말한다. 현대교회는 교회와 같은 가정, 가정과 같은 교회로 돌아가기 위해 몸부림쳐야 한다.

그러나 교회와 같은 가정을 얼마나 볼 수 있는가? 가정과 같은 교회를 얼마나 경험할 수 있는가? 이러한 이야기는 어쩌면 이상으로만 느껴지지만 우리는 이상을 절대 포기해서는 안 된다. 교회는 친가족 이상의 친밀함과 연대감을 갖고 있어야 한다. 교회에 오면 서로를 통해 가족의 사랑을 느낄 수 있어야 하고 실수와 허물투성이일지라도 이해받고 용납할 수 있어야 한다.

사랑한다고 말하는 사람마다 사랑의 농도는 각기 다르다. 사랑의 표현법도 서로 다르다. 길을 걸어가는 부부가 있다고 하자. 어떤 부부의 경우, 남편은 앞서서 가고 아내는 뒤떨어져 따라간다. 그것도 부부의 모습이다. 그런데 어떤 부부는 함께 나란히 걸어간다. 그런가 하면 어떤 부부는 손을 잡고, 혹은 팔짱을 끼고 다정스럽게 대화를 나누며 걸어간다. 같은 부부이지만 친밀감과 애정 표현의 정도는 각기 다르다.

가족이야말로 사랑으로 묶어진 공동체이다. 가정이야말로 이 세상 어느 곳에서도 경험할 수 없는 친밀감이 묻어 있다. 그런데 그 친밀감은 가정마다 각기 다르다. 오늘날 한 지붕 아래 두 가족이 살아가는 가정도 많다. 법적으로는 부부라고 하지만 정서적으로는 이혼한 것이나 다름없는 부부가 부지기수다.

교회도 마찬가지다. 사랑의 공동체라고 말하지만 그 사랑의 농도는 천차만별이다. 가슴에 묻어둔 아픈 이야기를 마음껏 내놓고 위로받을 수 있는 교회도 있지만 가슴에 있는 이야기를 절대로 끄집어낼 수 없는 교회도 있다. 사람들의 입방아에 오르내리는 것이 두렵기 때문이다. 아픔을 함께 나누고 위로받기 위해 내놓았던 이야기가 오히려 상처로 돌아오기 때문에 함부로 꺼낼 수가 없다.

사람은 마음속에 있는 아픈 이야기를 서로 나누면서 함께 부둥켜안고 울기 원한다. 그렇지만 그런 관계를 그리워하면서도 두려워한다. 그 이야기가 돌고 돌아 자신에게 되돌아올 수도 있기 때문이다. 서로 감싸줄 수도 있고 서로의 비밀을 지켜줄 수도 있는 공동체가 되지 않으면 절대 속마음을 털어놓을 수가 없다. 오랫동안 함께 신앙생활을 하고 함께 섬기고 있지만 정작 멀고 먼 남일 뿐이다. 체면과 형식으로 치장된 관계로만 남아 있을 뿐이다.

교회 안에서 가족의 친밀감을 경험하기 위해서는 작은 교회 운동이 일어나야 한다. 서로 얼굴을 알 수 있는 규모, 가족의 내막을 알 수 있는 관계, 가정에서 일어나는 크고 작은 일을 서로 들여다볼 수 있는 공동체여야 한다. 규모가 커지면 커질수록 가족의 친밀감은 희석되어가는 것이 현실이다.

그렇다고 구태여 작은 교회만 고집할 필요는 없다. 큰 교회 안에서도 작은 교회의 기능을 감당할 수 있는 소그룹 기능이 살아 있으면 되기 때문이다. 중대형 교회에서는 교회 안에서 성도가 가족의 친밀감을 경험할 수 있는 소그룹을 제공해주어야 한다. 공동체가 함께 드리는 예배로는 가족의 친밀함을 느낄 수 없다. 옆에 앉아 있는 성도의 얼굴도 잘 모르지 않는가? 밀물과 썰물의 현장에서는 절대 가족의 사랑을 체험할 수 없다. 소속감과 애정어린 교제를 나눌 수 있는 소그룹을 통해 따뜻한 가족의 사랑을 경험하지 않고는 성도는 관중이나 고객에 불과할 뿐이다.

그래서 스코틀랜드의 톰 알렌은 이렇게 말했다. "메마른 교회 안에서 오아시스처럼 물을 내뿜는 살아 있는 셀들, 앞으로는 이 공동체만이 슬픔과 문제 가운데 있는 사람들에게 진지한 관심을, 삶의 처방을 주게 될 것이다. 교회 역시 참되고 역동적인 그리스도인 공동체의 생활, 즉 신약 성경에 나오는 코이노니아를 드러내 보일 때에만 비로소 교회된 기능을 온전히 발휘하고 세속적인 세상에 성공적으로 침투할 수 있을 것이다."

혈육인 가족에게서도 느껴보지 못했던 따뜻한 사랑을 교회 안에서 경험할 수 있어야 한다. 가족에게조차 외면당하는 사람이 교회에 와서 인정받고 수용될 수 있어야 한다. 작은 문제라도 파헤치지 못해 벌떼처럼 달려드는 사회 속에서 오히려 문제를 포근히 감싸주는 공동체가 되어야 한다.

형제가 연합하여 동거함으로 따뜻하고 아름다워야 한다. 고슴도치처럼 서로 부둥켜안으면 아파서 떨어질 수밖에 없는 사람이 되어서는 안 된다. 주님이 디자인하는 것처럼 모이면 서로 힘을 주고, 뭉치면 시너지가 생기는 그런 관계를 이루어야 한다.

그런데 많은 그리스도인의 입에서 가슴 아픈 말을 듣는다.

"목회자와는 절대 가까이하지 마! 가까이하면 가까이할수록 실망하니까!"

"교회는 멀찍감치서 바라봐야 해! 가까이 가면 갈수록 상처만 받게 돼!"

그래서 자신을 드러내지 않고 조용히 신앙생활만 하려는 익명의 그리스도인이 늘어난다. 그들은 관계 맺고 헌신하는 것을 부담스러워한다. 새롭게 등록하는 새가족 가운데는 아예 연락하거나 심방하는 것을 거절하는 성도도 있다. 만약 심방을 강요하면 아예 교회를 떠나겠다는 협박 아닌 협박을 하는 경우도 있다.

그러나 가족이란, 불편하고 거추장스러움이 있어도 만나고 가까이해야 한다. 아픔과 상처가 있어도 서로 가까이 다가가서 피부를 맞대고 행복을 만들어내야 한다. 쉽게 만들 수 있는 건 아니지만 서로 어울리고 부딪히면서 친밀함을 만들어가야 한다.

행복한 'We' 철학으로 무장하라

우리는 "하늘에 계신 우리 아버지여"라고 신앙고백을 한다. 우리는 한 아버지, 한 주님, 한 성령을 모시고 있다. 그러니 성도는 마땅히 '나 의식'이 아닌 '우리 의식'을 가져야 한다. 'I' 철학에서 'We' 철학으로 옮겨가야 한다. 개인주의를 버리고 공동체 의식으로 무장해야 한다. 나를 강조하면 상처를 만들지만 우리를 강조하면 상처를 줄일 수 있다. 나를 우선시할 때는 남을 정죄하고 비난하지만 우리를 우선시할 때는 남을 이해하고 포용하게 된다. 내가 살기 위해 우리를 해쳐서는 안 된다. 오히려 우리를 위해 내가 죽어야 한다. 우리를 유익하게 하려면 나의 유익을 포기해야 한다. 그렇지 않으면 하나님의 가족은 아픔만 경험하게 된다.

남편은 회사를 경영하고 아내는 외국인 회사의 중역으로 있는 부부가 있었다. 남들이 다 부러워하는 지성인들이다. 그런데 그 가정을 들여다보면 상처투성이다. 남편 회사가 어려워지면서 부부간에도 금이 생겼다.

어느 시점에 이르러서는 더는 회복하기 어려운 수준이 되었다. 아내가 아침에 일어나서 간단한 식사대용의 음식을 준비해놓고 방으로 들어가면 남편이 나와서 식사를 한다. 남편이 방으로 들어가면 아내가 나와서 세수를 한다. 그러고는 각자 따로 출근한다.

자정쯤 되어 각자 시간에 맞추어 집으로 들어온다. 그러고는 각자 방으로 들어가서 잠을 잔다. 물론 대화는 상상할 수도 없다. 아이들 때문에 유지하는 결혼생활일 뿐이다. 그야말로 정서적인 이혼 상태나 다를 바 없다. 그나마 이렇게라도 몇 년 동안 지속한 결혼생활도 더는 오래가지 못하고 결국 법정에서 끝을 맺고 말았다.

그래서 "집(house)은 있되 가정(home)은 없다"고들 말한다. 어쩌면 교회도 이와 같은 상태가 아닌가? 건강한 교회는 가정과 같은 모습을 회복해야 한다. 그러나 가정에서 부부가 갈등하고 등 돌리고 있듯이 많은 교회 안에서 목사와 장로가 등 돌리고 있고, 장로와 장로가, 성도와 성도가 등 돌린 채 신앙생활을 한다. 빨리 돌이키지 않으면 온 가족이 상처 입고 피투성이가 될 텐데도.

가족으로서의 교회는 자신만 생각하는 이기적인 태도를 버리고 상대방을 생각하는 이타주의적 태도를 가져야 한다. 자신의 편리와 유익만 생각하는 태도를 버리고 다른 사람을 배려할 줄 알아야 한다. 그렇지 않으면 상처만 남고 행복은 깨어진다.

가족으로서의 교회는 다양성과 일치성의 균형을 잃지 말아야 한다. 교회는 다양한 사람으로 이루어져 있다. 그러다 보니 지체마다 서로 기질이 다르고, 가지고 있는 재능과 은사가 각각 다르다. 그뿐만 아니라 직분도 다양하다. 다름에서 오는 힘겨움과 갈등도 적지 않다. 서로의 차이를 인정하고 수용해야 하는데 그게 쉬운 일이 아니다. 비교의식이 일어나고 우월의식과 열등의식도 일어난다. 사탄이 좋아하는 시기와 질투심이 발동되기도 한다. 서로의 다름과 다양성을 인정하지 않을 때 교회에는 비난의 화살이 난무하고 다툼과 분열이 사방에서 일어나게 된다. 건강한 공동체가 되기 위해서는 서로가 가진 다름과 차이를 인정하고 존중해야 한다.

가족으로서의 교회는 서로의 다양성을 인정하고 배타적인 태도를 버려야 한다. 그렇다고 다양성 때문에 일체성이 깨어져서는 안 된다. 교회는 질서를 지켜야 하고 통일성을 유지해야 한다. 획일적이지는 않지만 통일성과 조화는 잃지 말아야 한다. 서로의 생각과 의견도 중요하지만 교회의 일체성을 위해서라면 자신의 생각과 주장을 과감하게 내려놓을 줄 아는 용기도 필요하다. 개성과 개인적인 인격도 존중되어야 하지만 그리스도의 몸인 교회의 하나 됨은 무엇보다 소중하다.

사탄은 교회를 흔들려고 애를 쓴다. 목사와 장로를 분열시키고, 장로와 장로를 갈라놓기 위해 호시탐탐 노린다. 교인과 당회가 서로 불신하고 등 돌리게 하기 위해 온갖 수작을 부린다. 지체 간에 깊은 유대감이 없다면 이러한 사탄의 유혹에 흔들리기 일쑤이다. 하지만 사탄도 'We' 의식으로 강하게 연결된 공동체는 함부로 공략할 수 없다. 강한 연대의식이 방패막이 되어주기 때문이다. 그러나 'I' 의식으로 꽉 찬 사람들은 흩어진 파편과 같아서 쉽게 사탄의 유혹에 흔들리게 된다.

'We' 의식을 가진 교회는 서로에게 관심을 집중한다. 서로의 아픔을 느끼고 그 아픔에 동참하려고 한다. 현대무용을 하던 막내 세린이가 고등학교 시절이었다. 어느 날 세린이가 콧물이 나고 목이 잠기며 열이 많이 올랐다. 온몸이 쑤시고 아프다고 했다. 안쓰러운 마음으로 말했다.

"우리 딸, 어떡하니? 그 감기 아빠한테 옮겨놓으면 좋겠다."

그랬더니 아내가 말했다.

"당신도 안 돼. 내가 노니까 나에게 옮겨놔야 해."

우리는 절대 그렇게 할 수 없다는 사실을 잘 안다. 그러나 그렇게 하고 싶은 마음이다. 왜? 사랑하는 가족이니까. 결국 우리는 한밤중에 대학병원 응급실을 찾았다. 이게 가족이다. 한 사람의 아픔이 한 사람에게만 머물지 않는다. 한 사람의 아픔은 가족 모두의 것이어야 한다. 그래서 'We' 정신으로 무장한 교회야말로 진정으로 행복한 교회이다. 남을 남이라, 적이라 생각하지 말고 우리라고 생각해야 한다.

'하나 됨'을 꽃피우라

행복한 공동체는 하나 됨에 있다. 하나 됨이 깨어지면 불행이 무엇인지 당장 알 수 있다. 어떤 교회는 오랫동안 두 부류로 나뉘어서 예배를 드린다. 한 무리는 본당에서, 한 무리는 지하에서. 심지어 한 공간에서 함께 예배를 드리는 경우도 있다고 한다. 한 교회 안의 두 교회라니, 과연 주님은 이런 모습을 보고 뭐라고 말씀하실까? 나중에 주님에게 받을 책망은 뒷전으로 두고서라도, 과연 그렇게 섬기는 교회의 당사자들은 행복할까? 한 교회 안의 두 교회는 있을 수 없다. 그러기에 교회는 하나 됨을 지키기 위해 목숨을 걸어야 한다. 다투고 분열되면 힘을 잃게 되니까.

그러기에 솔로몬은 우리에게 지혜로운 충고를 하고 있다. "두 사람이 한 사람보다 나음은 그들이 수고함으로 좋은 상을 얻을 것임이라. 혹시 그들이 넘어지면 하나가 그 동무를 붙들어 일으키려니와 홀로 있어 넘어지고 일으킬 자가 없는 자에게는 화가 있으리라. 또 두 사람이 함께 누우면 따뜻하거니와 한 사람이면 어찌 따뜻하랴. 한 사람이면 패하겠거니와 두 사람이면 맞설 수 있나니 세 겹 줄은 쉽게 끊어지지 아니하리라"(전 4:9-12).

사람이 함께한다는 것은 얼마나 행복한 일인지 모른다. 그러나 그렇게 함께하는 사람이 서로 갈등하고 하나 되지 못한다면 그보다 더 큰 고통도 없을 것이다. 분열은 에너지를 분산시킨다. 아무리 큰 비전이 있고 뚜렷한 목표가 있을지라도 그것을 이룰 수 없게 한다. 분산된 힘으로는 사탄의 공략에 맞설 수 없다.

미국 캘리포니아에 가면 레드우드라는 참나무가 있다. 이 참나무는 수령이 2~3천 년쯤 되고, 키가 100미터를 넘고, 둘레도 8~9미터나 되는 아주 큰 나무이다. 이 나무는 웬만한 태풍에도 끄떡없이 잘 견딘다.

그래서 학자들이 연구했다. "이렇게 큰 나무가 어떻게 그런 비바람을 잘 이겨낼 수 있었을까?" 학자들은 나무의 밑을 파서 뿌리를 보곤 감탄했다. 이 나무의 뿌리는 땅속 깊이 뿌리를 내린데다가 다른 나무의 뿌리와 서로 엉켜 있었기 때문에 웬만한 태풍에도 끄떡없이 유구한 세월을 버텨낼 수 있었다. 교회는 바로 이러해야 한다. 끊을 수 없는 그리스도의 사랑으로 서로 강하게 연결되어 있어야 한다. 그것이 바로 가족으로서의 교회이다.

그런데 우리나라의 기독교 역사 속에는 웃지 못할 일이 많았다. 그 가운데 하나가 연동교회 이야기이다. 연동교회는 1894년 게일(J. S. Gale) 선교사에 의해 설립되었다. 그런데 연동교회에서 묘동교회가 분리되었다. 그 이유가 무엇인지 아는가? 신분의 장벽을 뛰어넘지 못했기 때문이다.

연동교회를 설립한 게일 선교사는 1890년 함경도 원산에서 선교활동을 했다. 그때 한 술주정뱅이를 만났다. 그가 바로 고찬익 장로이다. 평안도 안주 출생인 고찬익 장로는 가죽으로 신발을 만드는 천민 갖바치였다. 젊은 시절 자신의 신분을 비관해 노름꾼, 사기꾼, 술꾼 등으로 방탕한 생활을 전전했고, 관가에 잡혀가 수없이 매를 맞고 한때 언어장애인이 되기도 했다. 그리고 빚 독촉에 시달리다 못해 음독자살을 시도하였으나 구사일생으로 살아나 게일 선교사의 전도를 받게 된 것이다.

원산에서 서울로 온 고찬익 씨는 은혜를 갚기 위해 전도를 사명 삼아 종로 5가의 갖바치들을 전도했다. 그의 헌신적인 전도로 연동교회에는 매주 새신자가 등록했다. 1900년 게일 선교사는 그에게 조사의 직함을 주었다.

1904년과 1907년 연동교회에서는 양반 출신의 후보들을 물리치고, 갖바치 고찬익 씨와 광대 출신인 임공진 씨가 잇달아 장로로 임명되었다. 그러자 종로5가 일대의 천민들은 자신들도 예수를 믿기만 하면 훌륭한 사람이 될 수 있다는 확신을 하고 연동교회로 몰려들었다.

그러나 양반들은 "상것들과 더는 신앙생활을 함께할 수 없다"고 선언했다. 물론 게일 선교사는 "교회는 신분의 위세를 부리는 곳이 아니며 하나님 앞에서 모두 평등하고 직업의 귀천도 없다"고 반박했다.

그럼에도 장로선거에 낙선한 일부 양반들은 교회를 이탈하여 봉익동에 묘동교회를 세웠다. 신분의 장벽이 복음보다 더 강했던 것이다.

복음은 하나 됨을 요구하지만 사람들이 가진 고정관념은 분리를 요구했다. 하나님의 일을 생각할 것인가, 아니면 사람의 일을 생각할 것인가? 인간의 욕망은 성령의 하나 되게 하심을 지킬 수 없다. 어느 한 사람의 목소리 때문에 가족 공동체의 하나 됨이 깨어져서는 안 된다. 어떤 사람의 감정 때문에 가족 공동체가 해체 위기에 놓여서도 안 된다.

그럼에도 한국교회는 지금 몇몇 사람의 인간적인 생각과 소욕으로 말미암아 진통을 겪고 있다. 그 정점에 목사가 서 있든지 장로가 서 있든지 간에 모두가 돌이켜야 할 일이다. 그 어떤 것도 교회의 하나 됨보다 중요하지 않다. 예수 가족의 하나 됨을 위해서는 자신의 생각을 내려놓아야 한다. 자신의 감정도 포기해야 한다. 서로를 생각하는 마음을 가져야 한다. 서로의 필요를 채워주려는 마음을 가져야 한다. 그렇지 않으면 개인의 욕망을 채우기 위해 그리스도의 몸을 해치게 된다.

하나 됨을 지키려는 가족에게는 마음과 태도를 잘 관리하는 지혜가 필요하다. 내가 원하는 것을 다하고서는 도저히 하나가 될 수 없다. 내가 먹고 싶은 것도 포기할 줄 아는 배려가 하나 됨을 든든히 지킬 수 있다. 자기 편리를 포기하지 않으면 남이 아파한다. 자기 욕망을 다 채우려고 하면 누군가는 욕망을 포기해야 한다. 자신의 유익을 포기하지 않으면 다른 사람의 유익을 침해하게 된다. 그래서 서로 얼굴을 붉히며 싸우는 것이다. 디모데나 에바브로디도처럼 자기의 유익이 아닌 다른 사람의 유익을 위해 자신이 희생하려 할 때 하나 됨을 이룰 수 있다. 그리기 위해 그리스도의 유익에만 집중해야 한다.

하나 됨을 위해서는 때때로 하기 싫은 일도 공동체의 유익을 위해서 해야 한다. 이런저런 이유로 하기 싫지만 다른 지체를 위해서라면 자신의 편리쯤은 포기할 줄 알아야 한다. 하고 싶은 말을 다 하고서는 공동체가 든든히 세워질 수 없다. 공동체와 상대방의 유익을 위해서라면 하고 싶은 말도 절제할 줄 알아야 한다. 어떤 선택을 하거나 행동을 하기 전에 "이럴 때 예수님이라면 어떻게 하실까?"를 먼저 생각해야 한다. 절제된 성숙함 위에서 하나 됨이라는 멋진 작품이 만들어진다.

기러기에게서 지체의식을 배우라

옛날에 어느 공주가 희귀병에 걸렸다. 수소문 끝에 용하다는 의사를 찾아 공주를 보였다. 그러자 그 의사가 왕에게 말했다.

"표범의 젖만이 공주님의 병을 낫게 할 수 있습니다."

왕은 젊은 용사 한 사람을 시켜서 표범의 젖을 구해오도록 지시했다. 용사는 며칠을 맹수들과 싸우면서 무사히 표범의 젖을 구해왔다.

그런데 용사의 몸에 있는 각 지체 간에 공로 싸움이 벌어졌.

먼저 눈이 말했다.

"내가 봤으니까 내가 제일 공이 크다!"

눈이 하는 말을 들은 발이 나서서 큰소리로 말했다.

"무슨 소리야? 표범에게 가까이 다가간 것은 나야!"

그러자 손이 말했다.

"내가 수고해서 때려잡았잖아!"

다른 지체들의 이야기를 듣고 있던 혀가 뭔가를 말하려고 나섰다. 그러자 모두 혀를 향해 윽박질렀다.

"네가 한 게 뭐가 있다고 나서는 거야? 너는 아무 공로도 없어. 너는 쓸모없는 지체잖아!"

혀는 말없이 있다가 왕의 앞에 나아가서 큰소리로 말했다.

"왕이시여, 이것은 개 젖입니다!"

서로 잘났다고 자랑하고 자신의 공로만 앞세우면 공동체가 세워질 수 없다. 우리는 그리스도의 몸인 교회의 각 지체와 공유하고 협력하는 끈끈한 정을 갖고 있어야 한다. 그렇지 않으면 공동체가 비틀거리게 된다.

몸은 하나이지만 지체는 많다. 그러니 교회는 몸의 다양성을 인정해야 한다. 동시에 교회는 많은 지체가 있지만 한 몸임을 잊어서도 안 된다. 즉 다양성과 통일성을 인정하는 공동체가 되어야 한다.

모든 지체는 몸의 다양성을 인정해야 한다. 각 지체는 서로 잘났다고 뽐내지도 말고 다른 지체를 업신여기지도 말아야 한다. 어떤 지체든 그 나름대로 장점이 있고 존재 목적이 있다. 아무런 필요가 없다고 생각되는 지체일지라도 사실 알고 보면 반드시 필요하다. 그러므로 각 지체는 서로 "너는 필요 없다"고 말해서는 안 된다.

만약 몸에 있는 지체가 자신은 꼭 필요한데 다른 지체들은 불필요한 것처럼 무시한다면 그것은 공동체의 하나 됨을 깨뜨리고 말 것이다. 하나님은 모든 지체가 반드시 필요하므로 만드셨고, 그래서 몸에 두셨다. 그러기에 모든 지체는 서로 존재를 인정하고 존중해주어야 한다.

행복한 공동체를 이루려면 몸의 통일성과 일체성을 잊지 말아야 한다. 모든 지체가 다양하지만 하나 되지 않으면 그 힘을 발휘할 수 없다. 서로 잘났다고 뽐내면 조화는 깨어진다. 서로 존재를 인정해주고 잘할 수 있는 것을 마음껏 발휘할 수 있도록 도와주고 협력해야 한다. 그렇지 않으면 서로의 장점마저도 발휘하지 못하게 된다.

몸이 하나가 되기 위해서는 자신을 낮춰야 하고 남을 나보다 더 낫게 여겨야 한다. 하나 됨을 깨뜨리지 않기 위해서 자신이 잘할 수 있는데도 다른 사람을 세워줄 줄도 알아야 한다. 앞에서 지나치게 설치는 사람 때문에 통일성과 일체성이 깨어지지 말아야 한다.

우리는 상호보완적인 지체이기 때문에 서로 귀하게 여겨야 한다. 사람들은 무시당하는 것을 굉장히 싫어한다. 그래서 무시당하면 상처를 입고 그 앙갚음을 하려고 한다. 우스꽝스러운 일이지만 복음보다 감정이 더 세다는 느낌을 받는다. 감정이 상하게 되면 말씀과 복음의 경계선도 쉽게 넘나들게 되니까. 상대방의 감정을 상하게 만들지 않기 위해 기억할 사실이 있다. '내가 상대방을 귀하게 여겨주면 그 사람도 나를 귀하게 여긴다. 그러나 내가 상대방을 무시하면 그 역시 나를 무시하게 된다.'

사람들은 가난하고 연약한 사람을 업신여기고 무시하는 경향이 있다. 오나가나 별로 관심을 두지 않는다. 그런데 성경은 연약한 지체를 오히려 더 귀하게 여기라고 말한다. 부모는 잘난 자식보다 오히려 못난 자식을 더 애처롭게 생각한다. 잘난 자식은 그냥 놔둬도 문제가 없다. 그런데 못난 자식은 어디 내놓아도 천덕꾸러기일 수밖에 없다. 그래서 부모가 더 보살필 수밖에 없다. 교회 공동체도 그러해야 한다.

지체들 가운데 약한 지체가 있으면 오히려 감싸주고 돌봐주어야 한다. 그 지체의 연약함을 들춰내고 흠을 내려 한다면 그 공동체는 이미 무너지기 시작한 것이다. 그런데 사탄은 다른 사람의 연약함을 드러내도록 부추긴다. 그러나 성령은 약한 지체일수록 더 귀히 여기면서 도와주려고 애쓰게 만든다.

어떤 경우에라도 지체끼리 다투고 분쟁하지 말아야 한다. 오히려 서로 돌아보고 섬겨야 한다. 물론 서로 다투고 싸울 일이 없는 것은 아니다. 그런 기회는 많이 제공된다. 다만 지체끼리 서로 다투고 싸움으로 사탄이 쾌재를 부르는 게 싫어서 그런 삶을 선택하지 않을 뿐이다. 지체 간에 서로 비난하고 물어뜯으면 피차 망할 수밖에 없다. "만일 서로 물고 먹으면 피차 멸망할까 조심하라"(갈 5:15). 공동체 생활은 자기 맘대로 할 수 없다. 서로 이해하고 용납하고 배려할 때 싸움은 그치게 된다. 안타깝게도 상대방에게 상처를 주고도 전혀 느끼지 못하는 지체도 있다. 행복한 공동체를 이루려면 지체의 신음을 들을 수 있어야 하고 공감할 수 있어야 한다.

세상은 시기심과 질투심으로 가득하다. 그래서 사촌이 땅을 사면 배가 아프다고 한다. 남이 잘되는 꼴을 두고 못 본다. 그래서 어찌하든지 잘되는 사람을 깎아내리고 뒤흔들려 한다. 그러나 믿음의 공동체는 서로의 고통을 함께 나눠야 한다. 그뿐만 아니라 기쁨과 영광도 박수를 쳐주어야 한다. 기쁨은 나누면 배가 되고 고통과 아픔은 나누면 반으로 줄어든다. 성숙한 공동체는 아픔과 슬픔을 함께 나누면서 서로 보듬고 아껴준다. 그러나 병든 공동체는 고통과 아픔을 나누면서 험담거리로 삼는다.

추운 겨울 밤, 남쪽 나라를 향해 날아가는 기러기 떼는 항상 V자형으로 줄지어 난다. 하필 V자형으로 날아가는 이유는 무엇일까? 과학자들은 새들이 날기 위해 날개를 퍼덕이면 뒤에 있는 새에게 양력이 작용한다는 사실을 발견했다. 양력은 날개를 위로 올려주는 힘이다. 기러기들은 이 양력을 이용해서 먼 거리를 함께 날아간다. 그래서 V자형으로 줄지어서 날면 뒤에 있는 새는 힘을 덜 들이고도 같은 속도로 날 수 있게 되고, 전체 기러기 떼가 혼자 날아가는 것보다 71퍼센트나 더 멀리 날 수 있게 된다는 것이다. 지체들은 바로 이래야 한다. 서로 힘을 공급해주고 시너지 효과를 일으켜야 한다.

앞서 날던 기러기가 지치면 뒤에 있는 기러기와 자리를 바꾼다. 그리고 뒤에서 나는 기러기들은 우는 소리를 낸다. 이 소리는 앞서 날아가는 새에게 속도를 떨어뜨리지 말라는 격려의 응원이다. 행복한 공동체는 서로를 향해 응원하고 박수를 보낸다. 그러나 불행한 공동체는 서로 비난하고 힘을 빼앗아간다.

만약 한 기러기가 병이 들거나 총에 맞아 대열에서 떨어지더라도 기러기들은 동료를 혼자 버려두지 않는다. 기러기 두 마리가 함께 대열에서 이탈하여 상처 난 기러기를 보호하고 돕는다. 함께 날지 않고서는 목적지에 닿을 수 없기 때문이다. 몸이 온전히 세워지려면 서로 독립적이면서도 상호의존적이어야 한다. 어둠의 영은 지체가 서로 방어적이고 공격적으로 만든다. 그러나 서로 배타적인 공동체는 온전한 연합을 이룰 수 없다. 성령의 사람은 상처 난 지체를 감싸고 포용할 뿐만 아니라 연약한 지체를 보호하고 도와주려고 애쓴다.

초대교회를 벤치마킹하라

교육전도사로 부름받아 목사가 되기까지 섬겼던 교회가 있다. 그때 담임목사님은 영구적인 교회 표어를 갖고 있었다. '초대교회로 돌아가자.' 아마 지금도 수많은 교회가 '초대교회로 돌아가자'는 구호를 외치고 있을 게다. 그만큼 기독교는 초기 예루살렘교회에 대한 그리움을 갖고 있다. 물론 초대교회라고 완벽하고 완전한 공동체는 아니다. 그 안에서 아픔과 문제가 도사리고 있었다.

그럼에도 사도행전 2장에 소개된 초대 예루살렘교회는 세상 사람들이 칭찬할 정도로 아름다운 가족 공동체였던 게 분명하다. 이 세상에서 가장 아름다운 공동체는 가족이다. 가족은 그 말만 들어도 가슴이 따뜻해지고 푸근해진다. 그래서 교회를 말할 때도 가족이라고 말한다. 교회는 예수 그리스도의 피로 맺어진 공동체이다. 그리스도의 피를 기념하는 성찬은 예수님이 지키라고 명령하신 거룩한 예식이다. 그래서 교회는 성찬 공동체를 통해 가족의 하나 됨을 확인하곤 한다.

초대교회 성도들은 먼저 '사도들의 가르침'을 받았다. 사도들의 가르침을 받는 것이 초대교회의 힘이었다. 사도들은 하나님의 말씀을 통해 교회와 성도들이 나아갈 방향을 제시해주었다. 성도들은 올바른 가르침 가운데 서 있었기 때문에 일상생활에서 날마다 변화를 경험할 수 있었다.

이들은 하나님의 말씀 속에서 서로 아름다운 교제를 나누었다. 특히 공동체 안에 있는 힘들고 어려운 가족을 방관하지 않았다. 저마다 자신의 재산과 소유를 팔아서 필요한 사람이 사용할 수 있도록 나눠 주었다. 그러면서도 아깝다는 생각을 하지 않았다. 내 것이라는 소유의식도 없었다. 다른 지체와의 경계선도 없었다. 자신의 소유에 대한 욕심보다 그리스도 안에서 하나 된 가족의 아픔과 고통이 먼저였다.

이런 특이한 모습이 불신자들의 눈에는 놀라웠다. 성도들의 독특한 모습을 본 사람들은 하나님을 찬양했다. 믿지 않는 사람들조차도 초대교회 성도들을 칭찬했다. 사람이면 누구나 일정한 욕심을 갖고 있는데, 그런 욕심을 내려놓고 모든 것을 함께 나누는 광경이 쉽게 이해되지 않았던 것이다. 이것이 초대교회 부흥의 요인이다.

그렇다면 초대교회에서는 어떻게 이런 삶이 가능했을까? 그것은 가족의식 때문이었다. 가족은 가족이기에 작은 것도 함께 나눈다. 내 가족이 굶고 있는데 나를 위해 곡식을 따로 저장해둘 사람은 없다. 가족이 아픈데 돈 때문에 병원에 데리고 가지 않을 사람도 없다. 아이가 배고프다고 우는데 먹을 것을 숨길 사람도 없다. 가족이기에 힘들고 어려울 때 모른 척할 수는 없다. 가족은 모든 것을 함께한다. 내 것이라 우기지 않는다. 필요한 사람을 위하여 자신의 것을 아낌없이 나눠준다. 그래서 불신자들조차도 부러워했다.

오늘날 한국교회는 이러한 초대교회의 아름다운 전통을 벤치마킹해야 한다. 오늘날 얼마나 많은 사람이 아픔을 부르짖고 있는가? 그러니 교회는 달라져야 한다. 교회가 달라지기 위해서는 성도 한 사람한 사람이 먼저 변해야 한다. 우리가 변하지 않고는 교회가 한국사회의 대안이 될 수 없다.

사람들이 이단에 빠지는 이유가 무엇인가? 젊은이들이 왜 교회를 떠나는가? 이기적이고 자기밖에 모르는 그리스도인의 이중적인 삶에 염증을 느끼기 때문이다. 이처럼 실망스러운 모습에서 벗어나기 위해서는 초대교회처럼 무엇인가 다른 가치관과 철학을 갖고 살아야 한다.

악성 췌장암에 걸려 6개월밖에 살지 못하는 아버지가 있었다. 그에게는 의사 아들이 있었다. 그런데 그 아들은 아버지와 관계가 좋지 못했다. 그럴 수밖에 없는 것이 아버지는 너무도 고지식하고 완고했다. 감정이 메말라서 아들에게 한 번도 애정 표현을 해준 적이 없었다. 그래서 아들은 아버지에 대한 분노를 품고 자랐다. 아들이 자라면서 자연히 부자간의 사이가 점점 더 벌어졌다. 결국 아들의 삶은 행복하지 못했다. 마음에 쓴 뿌리가 자리 잡고 있었기 때문이다.

그런데 이제 아버지가 세상을 떠날 때가 임박해왔다. 아들은 아버지와 화해했으면 하는 마음이 생겼다.

"아버지, 저는 아버지를 진정으로 사랑하고 싶어요."

아버지는 놀라움으로 온몸을 잔뜩 긴장했다. 그러고는 아무런 반응도 드러내지 않았다. 그러한 아버지를 보면서 아들은 더 큰 실망을 했다.

"우리 아버지는 도저히 가망이 없는 분이셔!"

몇 달이 지났다. 어느 날 아버지는 자신의 팔로 아들을 안았다. 그리고 또 몇 주가 지났다. 아버지가 아들에게 말했다.

"애야, 널 사랑한단다."

아버지로부터 평생 처음 들어보는 사랑 고백이었다. 순간 아들의 가슴에 응어리졌던 상처는 눈 녹듯이 녹아내렸다.

사랑하는 가족 안에서도 원하지 않는 상처가 생긴다. 때로는 상처를 주는 줄도 모르게 상처를 줄 때도 있다. 그러면서도 그 상처를 풀지 못하는 경우가 종종 있다.

어쩌면 이것이 교회의 모습인지도 모른다. 가족이라고 하면서도 얼마나 많은 교회가 상처로 얼룩져 있는가? 분쟁과 다툼으로 시퍼렇게 멍들대로 멍든 상태…. 이제 가족 간의 애틋한 사랑을 다시 회복해야 한다. 잘잘못을 따질 때가 아니다. 누가 잘했든 못했든 간에 사랑을 잃은 교회는 함께 침몰하고 만다. 다음 세대가 떠나고 난 교회를 상상해 보았는가? 이제 한국교회가 그렇게 되어가고 있다. 그렇게 되지 않기 위해서는 초대교회 같은 가족 공동체의 삶을 회복해야 한다.

C·H·A·P·T·E·R·2
행복한 교회는 성령의 통치에 민감하다

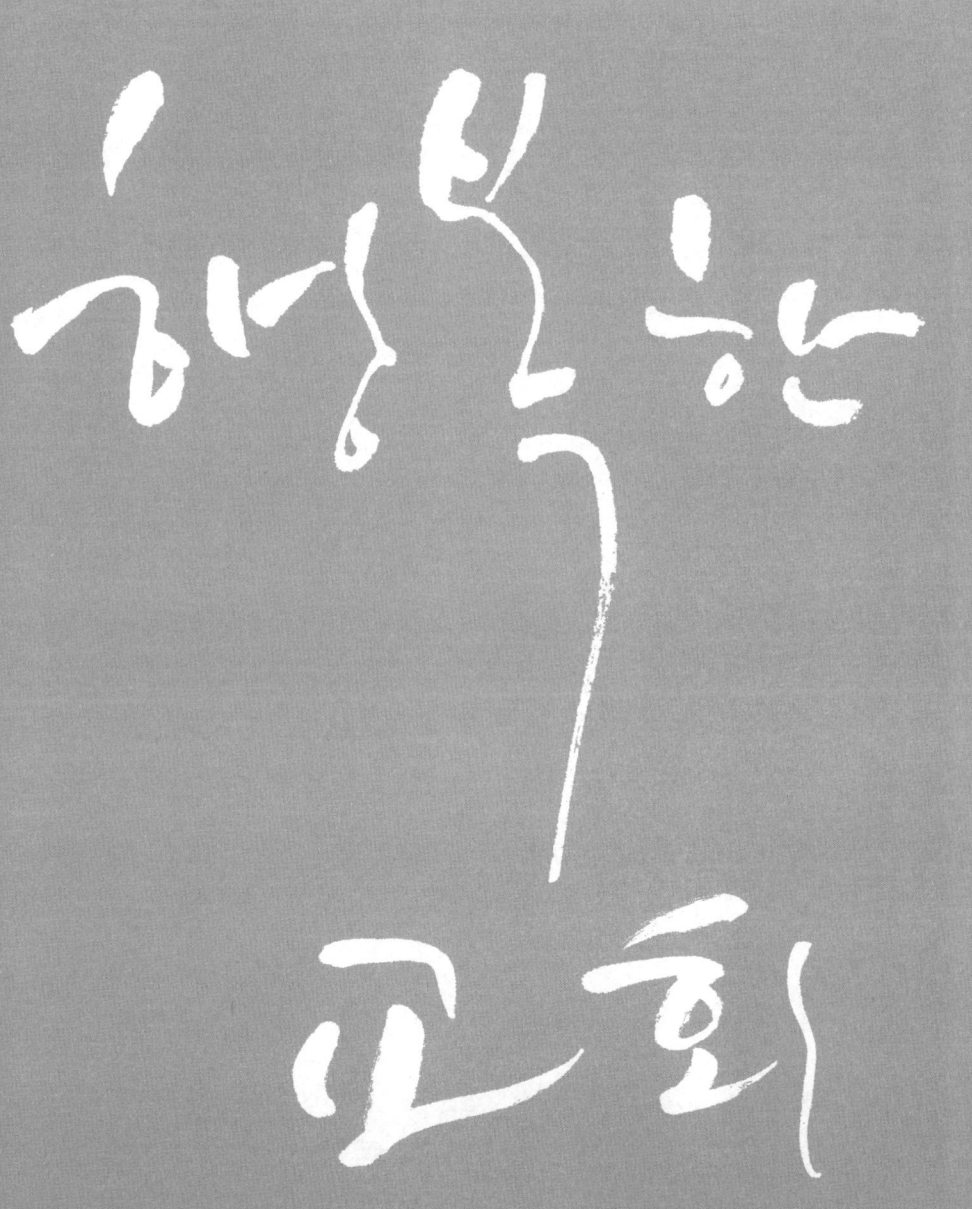

행복한 성도는 성령의 사역에 민감하게 살아간다.
행복한 교회는 성령의 통치 아래 있기를 갈망한다.
성령의 다스리심에 따라 생각하고 결정하고 행동한다.

누가 뭐래도 교회는 성령의 공동체이다. 성령이 주도하시는 교회가 건강하고, 성령이 주도하는 교회에서 신앙생활을 하는 성도가 행복한 성도이다. 성령이 주도하는 교회가 되기 위해서는 온 교회가 성령의 통치 아래 있고자 하는 강한 열망과 의지가 필요하다.

미국의 무디 목사는 성령께서 쓰신 사람이고 성령에 사로잡혀 사역했던 목회자이다. 기독교를 부흥시키는 일에서 그와 견줄 만한 인물은 흔치 않다. 그는 초등학교밖에 나오지 못했지만 복음적이며 영감 있고 열정적인 설교로 수많은 영혼을 주님께 인도했다. 그의 집회가 있을 때마다 은혜를 받으려고 모여든 사람들이 인산인해를 이뤘다.

한 지역에서 무디 목사를 초청하여 전도 집회를 하려는 준비모임이 열렸다. 이때 어떤 젊은 목회자가 벌떡 일어나서 문제를 제기했다.

"왜 강사로 무디만 고집합니까? 무디 외에는 설교자가 없단 말입니까? 그가 성령을 독점하기라도 했단 말입니까?"

그는 목소리를 높이면서 따졌다. 그러자 존경받는 원로 목회자가 조용히 웃으면서 말했다.

"무디만이 성령을 독점하는 것은 아니겠지요. 그러나 분명한 사실이 있습니다. 그것은 성령께서 이 시대에 무디를 독점하고 계시다는 사실입니다."

순간 장내에서는 박수갈채가 터져 나왔다. 행복한 성도는 성령의 사역에 민감하게 살아간다. 행복한 교회는 성령의 통치 아래 있기를 갈망한다. 성령의 다스리심에 따라 생각하고 결정하며 행동한다.

성령의 영향권 아래 있는 교회를 만들라

영국의 한 귀족이 인도의 어느 영주에게 트럭을 선물했다. 트럭을 선물받은 영주는 신기해하며 매우 기뻐했다. 얼마의 시간이 지난 후, 영국 귀족이 인도 땅을 방문하여 그 영주가 사는 곳을 찾아갔다. 그런데 깜짝 놀랄 일이 있었다. 황소 서너 마리가 자기가 선물한 트럭을 끌고 있었던 것이다.

영국 귀족이 인도 영주에게 말했다.

"황소로 트럭을 끌게 할 것이 아니라 트럭에 휘발유를 넣고 운전을 하면 트럭이 수십 마리의 황소를 끌 수 있소!"

그리고 영국 귀족은 트럭을 시험 운전해주었다. 그러자 인도 영주는 입이 쫙 벌어졌다. 성령을 받기 전의 신앙생활이란 우리가 트럭을 끄는 것과 같다. 그러나 성령을 받으면 성령이 트럭을 움직이신다.

그리스도인의 삶은 성령과 함께 시작된다. 성령으로 태어나지 않으면 하나님 나라와 관계를 맺는 영적인 사람이 될 수 없다. "예수께서 대답하시되 진실로 진실로 네게 이르노니 사람이 물과 성령으로 나지 아니하면 하나님의 나라에 들어갈 수 없느니라"(요 3:5). 땅에 사는 사람이 하나님 나라와 관계를 맺는 방법은 오직 성령으로 태어나는 것뿐이다. 그렇지 않으면 하늘나라를 볼 수도, 갈 수도 없다.

그뿐만이 아니다. 그리스도의 삶은 성령으로 지속된다. 예수님은 제자들 곁을 떠나시면서 보혜사 성령을 선물로 보내주셨다. 그러나 세상은 보혜사 성령을 받을 수 없다. 그들은 성령을 볼 수도, 알 수도 없다. 존재하지만 경험할 수도 없다. 성령은 오직 우리 믿는 자들로 하여금 예수님을 '주'라 고백하게 하시고, 우리의 몸을 집으로 삼아 우리 안에 거하신다. "너희는 너희가 하나님의 성전인 것과 하나님의 성령이 너희 안에 계시는 것을 알지 못하느냐"(고전 3:16, 고전 6:19-20 참조).

성령은 돌같이 굳은 옛 마음을 제거하시고 살같이 부드러운 새 마음을 주신다(겔 36:26-27). 성령은 새 마음을 주셔서 육신이 약하여 지키지 못하는 말씀을 지키게 하신다(롬 8:3-4). 성령은 먼저 마음을 살려주신다. 성령은 마른 뼈같이 죽은 마음도 살리시고 마른 뼈같이 죽은 인생도 살리신다. 성령은 죽은 가정도 살리신다.

성령은 우리의 연약함을 도우시는 분이다(롬 8:26-27). 성령은 마른 뼈들로 강한 군대를 만드신다(겔 37장). 성령은 예수님의 생수를 공급하셔서 죽은 심령을 살려내신다. 성령을 통해서 예수님의 생수가 들어가면 마음이 살고, 개인이 살며, 가정이 살고, 교회와 민족과 세계가 살아난다(겔 47장).

그래서 이탈리아 프란체스코의 수녀이자 사상가인 안제라는 이렇게 말했다. "성령이 어떤 사람의 영혼에 부어지면, 성령은 그 사람의 외양도 완전히 정숙하게 하신다. 이 일이 일어나지 않는다면 그것은 거짓일 뿐이다."

당신은 어떤가? 성령을 받았는가? 성령을 받았다면 성령께 속한 사람인가? 성령이 당신의 삶을 지배하고 있는가? 그런데 불행한 일이 있다. 성령의 실존은 인정하면서도 성령의 역사를 경험하지 못한 그리스도인이 많다는 사실이다. 어떤 현실과 사건 앞에서는 자기 감정가 생각과 판단대로 행동하고 움직인다는 것이다. 그러니 교회 안에서도 이해가 안 되는 일들이 벌어지곤 한다.

전 문화부 장관을 지낸 이어령 씨가 쓴 「아들이여 이 산하를」이란 책에 이런 얘기가 나온다.

옛날 어느 시골에 수염을 길게 기르고 다니는 할아버지가 계셨다. 그런데 그 동네에 사는 꼬마 아이 하나가 할아버지를 볼 때마다 궁금해 했다. 그래서 어느 날 할아버지를 만나자 물어보았다.

"할아버지는 밤에 주무실 때 그 수염을 이불 속에 넣고 주무십니까, 아니면 끄집어내 놓고 주무십니까?"

이 질문을 받은 할아버지 역시 궁금했다. 그래서 이렇게 대답했다.

"얘야, 미안하구나. 나도 미처 생각지 못한 일이니 하룻밤만 자보고 대답을 하마."

그날 밤 할아버지는 수염을 붙들고 씨름을 했다. 수염을 이불 속에 넣어보았다. 그러니 답답해서 견딜 수가 없다. 그래서 끄집어내 보았다. 그랬더니 뭔가 허전했다. 할아버지는 사실 30년 동안 달고 다닌 수염이지만 잘 때 수염의 위치를 알 수 없었던 것이다.

당신은 아는가? 30년 동안 내 몸에 달고 다닌 수염이 이불 속에 있어야 하는지, 밖에 있어야 하는지를? 당신은 알고 있는가? 당신 안에 계신 성령께서 일하고 계시는지, 그렇지 않은지를? 성령께서 당신 안에서 어떻게 일하시는지, 성령께서 당신에게 어떤 작용을 하고 있는지를?

그리스도인의 삶은 성령 충만한 삶으로 설명된다(엡 5:18). 그렇다면 성령 충만은 도대체 무엇인가? 성령에 따라서 생각과 감정, 말과 태도가 완전히 지배당하는 상태를 말한다. 성령이 다스리는 삶이란, 성령께 모든 것을 맡긴 채 떠다니는 삶을 말한다. 마치 독수리가 날개를 펴고 공기의 흐름에 몸을 실은 채 바람 부는 대로 흘러 다니는 것과 같다.

우리가 성령으로 거듭나는 경험을 했지만 그것이 성령에게 이끌리는 삶을 보장해주지는 않는다. 성령으로 거듭나는 사건과 성령 충만은 다르다. 평생 자신을 지배했던 생각과 욕심, 본능은 하루아침에 사라질 수 없다. 그래서 신앙이란 자기를 버리고 성령께 온전히 자신을 맡길 때까지 싸우는 힘겨루기와 같다.

이와 관련해서 동신교회 권성수 목사는 이렇게 말했다. "저는 청년 시절에 예수 그리스도께 내 인생을 다 넘기는 것이 너무 싫고 무서웠습니다. 예수님이 내 인생의 주인이 되시면 내 인생이 망할 것

같았습니다. 예수님은 늘 영적인 것만 강조하시고 세상에서 좋은 돈, 지위, 성공, 명예, 이런 것은 다 빼앗아가실 것 같았습니다. 저는 이렇게 기도했습니다. '예수님, 제가 교회생활을 철저하게 할 테니 평소에는 제 생활에 간섭하지 마십시오. 평소 생활은 제 마음대로 하게 내버려두세요. 예수님께 제 인생을 넘기면 어쩐지 쇠고랑 차고 살 것 같아요. 저는 성공하고 싶어요. 돈도 벌고 싶어요. 지독한 가난에서 벗어나 떵떵거리며 살고 싶어요.'"

미국의 목회자이자 유명 라디오 진행자인 캐더린 쿨만이 쓴 「세상에서 가장 위대하신 성령의 권능」이라는 책에 이런 내용이 있다. "성령으로 충만케 되는 경험을 했다고 스스로 말하는 사람은 많지만, 성령께서 자신의 의지를 완전히 다스리도록 하는 것에 대해서는 아무 것도 알지 못한다. 그것은 성령 세례의 순간에 일어나는 일이 아니고, 그 경험 뒤에 이어서 일어나는 것이다. 성령께서 당신의 의지를 완전히 다스리고 있지 않다면, 그 경험은 얕고 일회성에 지나지 않게 된다. 그다지 영적으로 깊지 않은 사람들이 강력한 영적 집회에서 강하게 사로잡혀 버린 나머지 열광적인 동작으로 끌려 들어가지만, 그들 자신의 성격에서는 어떤 변화도 일어나지 않는 경우가 있다."

당신은 어떤가? 움켜잡은 것을 놓고 싶지 않은 것이 있지 않은가? 자신의 생각을 주장하고 싶고 자신의 감정대로 살고 싶다. 내가 말하고 싶은 대로 말하고 내 기분이 내키는 대로 살아가고 싶다. 내가 가진 기질대로 살고 싶다.

그런데 성령은 마음대로 살려고 하는 당신의 인생에 개입하고 싶어 하신다. 당신의 생각을 자꾸 통제하기를 원하신다. 당신이 감정대로 말하고 행동하려고 할 때 그렇게 하지 못하도록 막으신다. 당신의 기질이 있더라도 성령의 소욕을 따라서 살아가기를 원하신다. 만약 당신이 성령의 간섭을 받지 않고 육신의 소욕을 따라 행하게 된다면 당신은 영적인 삶을 지속할 수 없다. 그뿐만 아니라 공동체의 행복도 깨어지고 만다. 당신의 인생을 성령의 영향권 아래 묶어두라. 자유인의 측면에서 보면 조금 불편할지라도 그것이 가장 자유로운 삶이다. 성령의 영향권 아래 있는 삶이야말로 가장 아름답고 행복한 삶이다.

직분과 은사를 최대한 활용하라

성령 하나님은 그리스도의 몸 된 교회를 세우기 위해 다양한 사람을 부르셨다. 성령은 그리스도의 몸인 교회를 세우기 위해 각자에게 직분을 허락하시고, 그들이 직분을 감당할 수 있도록 다양한 은사를 주셨다(고전 12:11). 그리스도의 몸에 속한 모든 성도는 각자에게 주어진 은사를 가지고 자신의 직분을 잘 감당해야 한다.

은사란 하나님께서 주신 각자 개인의 특기 혹은 자질을 말한다. 성령으로 거듭난 사람이면 누구든 분명히 하나님과 이웃을 위해서 쓸 수 있는 은사가 있다. 은사와 재능을 주시는 분은 바로 성령이시다. 물론 성령께서 각자에게 주시는 영적 은사는 다양하다. 그러기에 서로 비교해서도 안 되고 부러워해서도 안 된다. 각자에게 주신 은사는 어떤 것이든 가치 있고 소중하다. 자신이 가진 은사를 별것 아닌 것처럼 소홀히 여겨서는 안 된다.

그렇다고 자신이 가진 은사가 남보다 좋은 은사처럼 생각해서 다른 사람이 가진 은사를 무시하거나 교만하게 행해서도 안 된다. 은사는 좋고 나쁨이 없다. 선호도의 문제가 아니라 사용의 문제이다. 어떤 은사든지 간에 그 은사를 잘 활용해서 그리스도의 몸을 세우면 가장 아름다운 은사인 것이다.

간혹 '나는 아무런 은사를 가진 것이 없는 것 같다'고 생각하는 성도가 있다. 그렇지 않다. 그리스도의 몸을 이루는 모든 성도는 한 사람도 불필요한 존재가 없다. 모두 소중하고 존귀한 존재이다. 그리스도의 몸을 온전히 세우기 위해 절대적으로 필요한 존재이다. 아무리 보잘것없는 사람처럼 여겨져도 그가 없으면, 그리고 그의 역할이 없이는 그리스도의 몸이 온전히 세워질 수 없다.

미국 뉴저지 주에 털이 거의 다 빠지고 얼굴에 흉터까지 있어 흡사 괴물처럼 보이던 개가 있었다. 어느 날 거리를 어슬렁거리던 개는 붙잡혀서 결국 보호시설에 갇히게 되었다. 거기서 죽을 날만 기다리는 수밖에 없었다.

그런데 사육사가 이 못생긴 개에게서 특이한 행동을 발견했다. 이 개는 기러기만 보면 짖어대고 사정없이 쫓아가는 것이었다. 사육사는 신문에서 "기러기 떼 때문에 비행장이 큰 골치를 앓고 있다"는 기사를 읽었다. 급기야 사육사는 그 개를 데리고 비행장을 찾았다. 비행장 측에선 처음에는 대수롭지 않게 여겼다. 그러다가 1년에 300만 달러나 되는 손해를 생각하고 시험 삼아 개를 인수하기로 했다.

그런데 놀라운 일이 벌어졌다. 그 개가 기러기를 쫓는데 정말 놀라운 능력을 발휘한 것이다. 비행장 측은 그 개에게 '터빈'이라는 이름을 지어주고 표창장까지 주었다. 이 못생긴 개가 1년에 36억 원을 벌어주었기 때문이다. 병들고 못생긴 개에게도 기러기를 쫓는 자기만의 재주가 있었다.

그렇다면 모든 그리스도인에게는 각자 받은 은사가 분명히 있을 것이다. 그렇다고 자신을 과대평가하거나 과소평가해서는 안 된다. 성령 하나님은 각 사람에게 맞는 은사를 주시고 그 은사를 적절히 활용함으로써 그리스도의 몸인 교회를 세워가게 하시기 때문이다. 중요한 것은 게으름을 피우지 말고 받은 은사와 직분을 통해 많은 것을 남기는 일이다.

프랑스의 한 왕에게 용맹하고 영리한 세 아들이 있었다. 왕은 세 아들 가운데 어느 왕자에게 왕좌를 물려줄까 고민이었다. 왕은 고심하던 끝에 좋은 생각이 떠올랐다. 그래서 아들들을 불렀다. 왕은 세 아들에게 똑같이 감자 한 자루씩을 주고 말했다.

"내가 지금 너희에게 감자를 한 자루씩 줄 테니 잘 보관했다가 1년 뒤에 나에게 가져오너라."

세 아들은 각각 감자를 한 자루씩 들고 갔다. 그로부터 1년이 지났다. 세 아들은 부왕의 부름을 받고 다시 모였다. 첫 번째 왕자는 감자를 선선하고 건조한 곳에 잘 보관하여 썩지 않게 하여서 왕에게 갖고 왔다. 둘째 왕자는 값비싼 시기에 감자를 팔아서 그 돈으로 값이 싸게 나가는 시기에 감자 두 자루를 사서 가지고 왔다. 그런데 셋째 왕자는 빈손으로 왔다.

왕은 궁금해서 셋째 왕자에게 물었다.

"너는 어찌하여 빈손으로 왔는고?"

그러자 셋째 왕자가 대답했다.

"저는 지금 감자를 가지고 오지 못했습니다. 그러나 보여드릴 것이 있습니다. 아바마마와 형님들께서 저와 함께 잠시 가주시면 좋겠습니다."

밖으로 나온 왕과 왕자들은 눈이 휘둥그레졌다. 그곳에는 셋째 왕자가 일구어 놓은 감자밭에 꽃이 활짝 피어 있었다.

셋째 왕자는 입을 다물지 못하는 왕과 형들에게 말했다.

"지금은 아바마마께 돌려드릴 감자가 없으나 이렇게 잘 자라고 있으니 곧 알 굵은 감자를 수확하게 될 것입니다. 이 모두를 돌려드리겠습니다."

이것이 바로 지혜로운 인생이다. 인생은 가꾸기 나름이다. 재능과 은사도 어떻게 계발하느냐에 따라 결과가 달라진다. 같은 직분을 받았지만 그 사람이 자신의 직분을 어떻게 활용하느냐에 따라 결과는 엄청나게 달라질 수 있다.

직분을 받기 전에는 충성을 다하던 사람이 장로가 되고 권사가 된 다음에는 섬기지 않는 고약한 예도 있다. 그렇다면 직분을 얻기 위해 열심을 보인 것인가? 우리에게 직분과 은사를 주신 하나님께서 언젠가는 심판자로 우리 앞에 서실 것을 잊었단 말인가? 착하고 충성스러운 종인지, 악하고 게으른 종인지 반드시 판단하실 것이다. 우리는 그날을 염두에 두고 섬겨야 한다.

훈련된 평신도 사역자를 세우라

　　　　　　미국 텍사스에 양치는 늙은 목자가 있었다. 그는 거대한 토지를 소유하고 있었다. 그러나 풀이 제대로 나지 않는 땅이었다. 그래서 불과 몇 마리의 양을 키우면서 일평생을 가난하게 살았다. 그런데 석유회사에서 지질조사를 한 결과, 그 땅이 엄청난 유전지대라는 사실을 알게 되었다. 그 목자는 무한한 부를 소유하고 있었다. 그러면서도 그 사실을 알지 못한 채 인생을 가난하게 살았던 것이다.

　교회는 98~99퍼센트의 평신도와 1~2퍼센트의 교역자로 구성되어 있다. 그러니 평신도가 엄청나게 많은 자원인 셈이다. 그럼에도 한국교회는 목회자 중심으로 사역이 이루어져 왔다. 전통적으로 한국교회에서는 "목사나 교역자는 제사장과 레위의 반열이다"는 가르침 속에서 목회자 중심적인 교회시스템을 구축해왔다. 그래서 교권주의가 팽배했다. 그러다 보니 거의 절대다수를 차지하는 평신도는 뒷전으로 밀려나게 되었고, 수동적이고 소극적일 수밖에 없었다.

　'파레토의 법칙'이란 것이 있다. 이것은 기업의 매출 규모에서 20퍼센트의 핵심 제품이 전체 매출의 80퍼센트를 차지한다는 이야기이다. 카드회사는 20퍼센트의 핵심 고객이 80퍼센트의 매출을 올려준다. 교회 안에서도 20퍼센트의 성도가 교회 사역의 80퍼센트를 감당한다. 20퍼센트의 성도가 80퍼센트를 섬기는 것이다. 또 헌금의 80퍼센트는 20퍼센트의 성도가 드린다. 물론 바람직한 것은 아니지만 이것이 현실이다.

　그러나 베드로는 이렇게 말하고 있다. "그러나 너희는 택하신 족

속이요 왕 같은 제사장들이요 거룩한 나라요 그의 소유가 된 백성이니 이는 너희를 어두운 데서 불러 내어 그의 기이한 빛에 들어가게 하신 이의 아름다운 덕을 선포하게 하려 하심이라"(벧전 2:9).

베드로는 '믿는 자'의 신분적인 특권을 네 가지로 정리한다. 첫째, 택하신 족속이다. 둘째, 왕 같은 제사장이다. 셋째, 거룩한 나라이다. 넷째, 그의 소유된 백성이다. 하나님은 믿음으로 예수님과 연합된 자를 이처럼 특별하고 고귀한 존재로 간주하신다. 그런데 한국교회는 이들의 존재를 무시해왔다.

그래서 이동원 목사는 오늘날 제2의 종교개혁이 필요하다고 하면서 이렇게 말했다. "종교개혁이 사제의 손에만 있던 성경을 평신도의 손에 돌려준 사건이었다면, 제2의 종교개혁은 목회자의 손에만 있던 사역을 평신도의 손에 되돌려주는 사건이어야 한다. 이것은 결코 지도자 무용론을 의미하지는 않는다. 영적 지도자는 모든 신자가 이런 사역을 감당하도록 가르치고 훈련시키는 자를 의미하기 때문이다."

교회의 힘은 사실상 무한한 자원과 재능을 가진 '평신도'에게 있다. 그래서 잠자는 거인을 깨워야 한다고 부르짖는다. 실제로 평신도 가운데는 목회자 이상으로 유능한 재원이 많다. 그들이 가진 전문성을 살리기만 하면 교회는 굉장한 시너지 효과를 볼 수 있다. 유능한 평신도를 두려워할 필요가 없다. 평신도들이 가진 잠재성을 충분히 활용하면 목회에 엄청난 동력을 얻을 수 있다.

그런데 주의할 점이 있다. 오늘날 평신도 사역이 일어나면서 평신도 가운데 오해하는 경우가 왕왕 있다는 사실이다. "그렇다면 교역자와 평신도가 똑같네." 이런 생각으로 목회자 무용론을 주장하는 것이다. 그래서 어떤 교회는 목회자는 두지 않고 평신도가 설교하고 교회를 운영하기도 한다. 교권주의에 대한 염증 때문에 일어난 반작용이라고 할 수 있다. 결국 바람직하지 못한 평신도 운동이 교역자에 대한 존경심을 상실하게 하고 교권에 대한 갈등과 다툼을 불러일으키기도 한다.

그렇다면 교역자와 평신도의 차이는 무엇인가? 사도 바울은 이렇게 말한다. "그가 어떤 사람은 사도로, 어떤 사람은 선지자로, 어떤 사람은 복음 전하는 자로, 어떤 사람은 목사와 교사로 삼으셨으니 이는 성도를 온전하게 하여 봉사의 일을 하게 하며 그리스도의 몸을 세우려 하심이라"(엡 4:11-12).

교역자에게는 분명한 영적 권위가 있다. 하나님은 교역자를 통해 평신도를 준비시켜 그리스도의 몸인 교회를 세워나가도록 하셨다. 교역자는 평신도를 하나님의 말씀으로 훈련하여 영적으로 성숙시켜야 한다. 훈련된 평신도 사역자로 하여금 그리스도의 몸을 온전하게 섬길 수 있도록 해야 한다.

작고하신 옥한흠 목사는 이에 대해서 분명한 선을 긋고 있다. "목사는 하나님이 아니다. 목사만이 제사장이나 선지자, 사도의 계승자가 아니다. 그럼에도 목회자는 함부로 취급해서는 안 되는 신성한 권위이다."

교역자와 평신도는 서로 반목하며 주도권 싸움을 해야 할 존재가 아니다. 하나님의 비전을 이루기 위해 함께 동역해야 할 동업자이다. 서로 존중하고 순종해야 한다. 함께 싸워나가야 할 사탄을 대적하기 위해 힘을 뭉쳐야 한다.

목회자는 평신도를 교육하고 훈련하는 데 주력해야 한다. 그들을 세우는 데 두려워할 필요가 없다. 하나님 나라를 섬기는 일에 동업자로 생각하면서 최대한 그들의 능력과 은사를 계발해야 한다. 그들이 갖춘 잠재능력을 순기능으로 활용하여 교회 부흥에 핵심이 되도록 해야 한다.

문제는 이것이 역기능으로 나타날 때이다. 교회 안의 모든 직분은 목회자의 영적 권위를 인정하고 존중해야 한다. 그리고 그들과 더불어 동역해야 한다. 이것은 주도권 싸움의 대상이 아니다. 어떤 이도 목회자를 견제하고 감독하는 자리로 나아가서는 안 된다. 장로가 되면 목사를 견제하고 감독하는 일이 사명인 줄 아는 사람이 있다. 성도들이 자신을 그런 사명을 감당하도록 세웠다고 오해한다. 그래서 사사건건 목회에 제동을 건다. 물론 서로 다른 생각을 피력할 수는 있다. 하지만 그것이 목회에 걸림돌이 되어서는 안 된다. 목회자의 사기를 떨어뜨려 사탄을 웃게 하지는 않는지 항상 주의하고 생각해야 한다. 깨어 있지 않으면 자기도 모르는 순간 사탄의 덫에 걸려들고 만다.

평신도는 주체의식을 갖고 교회를 섬겨야 한다. 평신도는 교회의 객체가 아니다. 구경꾼이 아니다. 평신도는 주도적으로 하나님의 일을 섬겨야 한다. 방관자가 아니라 적극적인 참여자가 되어야 한다. 현대교회의 성도를 보면 방문객이 많다. 쇼핑하듯 교회를 다닌다. 자그마한 어려움이나 시험이 닥치면 미련 없이 떠나는 철새 교인이 많다. 이곳저곳을 기웃거리면서 자기 입맛에 맞는 교회를 찾아다닌다. 소속감과 책임감도 없는 뜨내기 교인과 함께 무슨 일을 도모할 수 있단 말인가? 그래서 건강한 교회가 되려면 평신도들이 주체의식을 갖고 자발적으로 섬겨야 한다.

그런데 주의할 점이 있다. 주체의식이 지나치면 잘못된 주인의식으로 빠질 수 있다. "교인은 교회의 주인이고 목회자는 잠시 거쳐 가는 사람이야." 물론 성경적인 패러다임이 아니다. 짧게 사역하고 떠날지라도 주님이 자신의 몸인 교회를 섬기도록 위임해준 사역자이다. 교회의 주인은 분명 예수 그리스도이시다. 모든 이가 예수 그리스도의 머리 되심과 주도권 아래 있어야 한다. 그분의 통치 앞에 모두 잠잠해야 한다. 누가 그분 앞에서 소리를 지를 수 있단 말인가? 그런데 현대교회는 교회 안에 힘 있는 자들의 목소리가 너무 커서 교회의 통치자이신 예수님의 목소리가 들리지 않는다. 그러다 보니 교회가 흔들리고 성도들이 행복하게 신앙생활을 하지 못한다. 건강한 주인의식이 필요하다.

언젠가 세미나에서 이런 질문을 받았다. "교회에도 건설적인 야당과 비판세력이 있어야 하지 않습니까?" 그때 나는 이렇게 대답했다. "사실 건설적인 비판이 있음으로 인류문화는 발전해왔고 조직도 발전되어 왔습니다. 그러나 건설적인 야당이 되고 건설적인 비판자가 되는 게 쉽지만은 않다는 걸 기억해야 합니다. 건설적이라고 하지만 실제는 자기중심적이고 편협적인 자기 고집인 경우가 허다하기 때문입니다."

더구나 건설적인 야당으로 비판자의 길을 걸어가고자 하는 사람이 생각할 게 있다. 첫째는 건설적인 야당으로 이것저것을 비판하는 성도 본인의 신앙생활이 절대로 행복하지 않다는 것이다. 그런 마음을 가졌는데 설교가 들려질 리 없고, 그러면 영적 생명력을 상실하기 때문이다. 둘째는 그들 가족의 신앙이 점점 병들어가고, 심지어 그 자녀들은 교회를 떠나게 된다는 사실이다. 셋째는 이런 사람은 악성종양과 같아서 다른 성도에게 전염시켜 공동체를 병들게 한다는 것이다. 마지막으로 그들의 비판과 반대로 목회자의 사기와 열정이 식어진다는 것이다.

사실 교회 안에는 모두가 말할 수 있는 자유가 있다. 그러니 그들이 한마디하는 쓴소리가 그 당사자 개인적으로는 한마디지만 목회자에게는 엄청난 요구이다. 그리고 각자의 요구가 서로 상반된 요청인 경우가 많다. 이러다 보니 목회자에게는 엄청난 부담과 스트레스로 다가온다. 비판과 부딪힘이 한두 번 반복되고 축적되다 보면 목회자의 날개는 자연히 꺾이고 만다. 사기가 꺾이고 흥이 깨진 목회자에게서 무엇을 기대할 수 있단 말인가? 그렇기 때문에 날카로운 비판보다 부족하지만 서로 격려하고 용기를 북돋아주는 게 공동체의 선을 이루는 일임을 잊지 말아야 한다.

이런 점에서 목회자는 교회의 힘인 평신도를 하나님의 말씀과 개혁주의 정신에 입각하여 올바르게 훈련해야 할 의무가 있다. 훈련된 평신도 지도자로 하여금 그리스도의 몸인 교회를 바로 섬길 수 있도록 권한을 위임해야 한다. 위임해준 사역을 잘 감당할 수 있도록 동기를 유발하고 점검해야 한다. 목회자는 그리스도로부터 사역을 위임받았다. 그렇다면 평신도 지도자는 목회자로부터 사역을 위임받은 것이다. 평신도 지도자는 위임된 권위를 그리스도의 몸인 교회를 세우는 데 바르게 활용해야 한다. 목회자와 평신도 한 사람 한 사람이 자신에게 주어진 사역에 충실할 때 교회는 행복한 공동체로 변해갈 것이다.

상식을 뛰어넘는 교회가 되라

어느 교회에서 '상식이 통하는 교회!'라는 슬로건을 내걸었다. 참 이상한 일이다. 이 슬로건의 의미는 교회에서 상식이 통하지 않는다는 이야기가 아닌가? 어떻게 교회에서 상식이 통하지 않을 수 있을까? 복음이 있고, 하나님의 말씀과 성령이 통치하고 있는데.

그러나 불행하게도 이것이 현실이다. 이웃과 친구가 되기를 갈망하는 현대교회가 사회로부터 냉대를 받고 있다. 교회가 애써 이웃에게 복음을 전하려 하지만 사회는 차갑게 외면하고 있다. 아니, 기독교 안티들에 의해 무참하게 방망이질당하고 있다. 그러기에 전도가 되기 위해서는 먼저 교회의 이미지 쇄신이 선행되어야 한다.

인도의 성자라 불리던 간디가 기독교를 선택하지 않은 이유는 "그리스도인들이 예수를 전혀 닮지 않았고, 닮으려 하지도 않기 때문"이라고 한다. 간디는 학창시절 성경을 진지하게 읽었다. 그리고 기독교로 개종할 것을 고려한 적도 있었다고 한다. 그는 예수님의 가르침 속에 인도 사람들을 구별했던 카스트라는 계급제도에 대한 해결책이 있으리라 믿었다.

어느 주일이었다. 그는 가까운 교회에 찾아가 예배드리고 목사님께 기독교인이 되는 방법에 대해 물어보려고 마음먹었다. 그런데 생각지도 못한 일이 벌어졌다. 간디가 예배당으로 들어서자 안내위원이 그에게 자리를 안내해주지 않았다. 그러면서 "같은 계층의 사람들과 예배를 드리라"는 것이었다. 간디는 실망했다. '기독교인에게도 계급의 상하가 있다면 그냥 힌두교인으로 남아 있는 것이 더 나을 것'이라고 생각했다. 그리고 그는 죽는 날까지 개종하지 않았다.

그 교회 안내위원이 가진 편견은 예수님의 가르침을 심각하게 왜곡시켰다. 그뿐만 아니라 예수님을 믿으려고 했던 사람까지 돌려보내고만 셈이다. 이 얼마나 어이없는 일인가? 훗날 간디는 "예수님을 믿고 그의 가르침을 따르는 일에는 동의하지만 기독교인이 되는 것은 반대한다"고 말했다. 그는 예수님께는 매력을 느끼지만 기독교인들에게는 매력을 느끼지 못했던 것이다.

그렇게 보면 결국 예수님의 앞길을 막는 것은 사탄도 아니고 불신자도 아니다. 바로 기독교인 자신들이다. 우리는 간디가 남긴 말을 명심해야 한다. "나는 예수는 좋아한다. 그러나 크리스천들은 좋아하지 않는다. 왜냐하면 그들은 예수님과 같지 않기 때문이다."

세상보다도 못한 교회, 세상 수준밖에 되지 않는 그리스도인 탓에 세상 사람들은 실망한다. 교회로 발길을 옮기려 했다가 교인들로부터 환멸을 느끼고 돌아가버린다. 전도하기에 앞서 해야 할 일이 있다면 자정 작업이다. 목회자의 자정 노력, 성도의 자정 노력, 교회의 자정 운동이 일어나지 않으면 한국교회는 점점 더 쇠퇴하고 말 것이다.

교회가 상식 수준에 머물러 있어서는 안 된다. 예수님의 산상보훈을 보라. 오른뺨을 치면 왼뺨을 돌려대고, 오 리를 함께 가자고 하면 십 리를 동행하는 수준이 아닌가? 육체적인 관계를 맺는 것이 간음이 아니라 마음에 음욕을 품는 것으로도 이미 간음이라고 하셨다. 칼로 상대방을 해하는 행동이 살인이 아니라 미워하는 마음을 품으면 이미 살인한 것이라고 규정하셨다. 그리고 복수의 대상인 원수를 기도와 사랑과 축복의 대상으로 여기라고 말씀하셨다.

바울에게 녹아내리는 복음의 진수를 보라. 어찌 복음이 상식 수준이란 말인가? 어떻게 기독교가 상식 수준에 머무를 수 있단 말인가? 세상이 흉내 낼 수 없는 윤리적인 탁월성을 보여주어야 한다. 그렇지 않고서는 행복한 교회도, 감동을 주는 교회도, 복음을 전하는 교회도 될 수 없다. 베드로는 외국에 흩어져서 나그네 생활을 하는 그리스도인에게 이렇게 당부했다. "너희가 이방인 중에서 행실을 선하게 가져 너희를 악행한다고 비방하는 자들로 하여금 너희 선한 일을 보고 오시는 날에 하나님께 영광을 돌리게 하려 함이라"(벧전 2:12).

이방 땅에서 나그네 생활을 하는 것만으로도 힘든 일이다. 그런데 거기에 믿음을 지키기 위해 받는 신앙적인 핍박까지 감안한다면 죽을 지경일 것이다. 그런데도 베드로는 '선하게' 살아가라고 말한다. 선하다는 것은 매력적이고 아름다운 삶을 말한다. 그리스도인은 어떤 상황에서도 매력적이고 아름다운 삶으로 세상을 깜짝 놀라게 해야 한다.

그래서 교회는 세상의 대안이어야 하고 어떤 변화에도 여전히 희망을 비춰주는 등불이어야 한다. 그러기 위해서 교회는 마땅히 사회의 대세를 뛰어넘을 수 있어야 한다. 세상이 포용하지 못하는 것을 포용할 수 있어야 하고 세상이 지키지 못하는 법과 질서를 지킬 수 있어야 한다. 세상의 트렌드가 어떠할지라도 그리스도인과 교회만은 양심과 진실을 수호할 수 있어야 한다. 세상 사람들이 깜짝 놀랄 만한 크리스천 기업가를 배출해야 하고, 시대에 표류하지 않는 정치인이 속출해야 하며, 기부문화에 앞장서는 크리스천들을 배출해내야 한다.

미국 남장로교 소식인 테이트 선교사는 1905년 김제에 금산교회를 세웠다. 그곳에는 고장의 마방 주인이며 일대에서 가장 큰 부자인 대지주 조덕삼이란 사람이 살고 있었다. 그는 집안 대대로 유교를 믿는 전통 보수 가문에서 자란 사람이었다. 하지만 우여곡절 끝에 그는 테이트 선교사에게서 복음을 듣게 되었고, 그의 집 사랑채에서 예배를 드리게 되었다.

한편 조덕삼의 마방에서 머슴으로 일하던 마부가 있었다. 그는 경남 남해 출신의 이자익이라는 청년이었다. 이자익은 소학교도 변변하게 나오지 못했다. 그런데 그도 테이트 선교사의 전도를 받아 조덕삼과 함께 교회에 나오기 시작했다.

교회가 점점 성장하면서 교인들이 투표로 장로를 선출하게 되었다. 그런데 문제가 생겼다. 머슴인 이자익이 조덕삼을 제치고 장로로 선출된 것이다. 반상을 철저히 따지던 봉건시대에 이것은 큰 사건이었다.

일이 이 정도 되었으면 조덕삼이 어떻게 반응하겠는가? 그런데도 그는 너무나도 의연하게 교인들 앞에 나와 이렇게 말했다.

"이 결정은 하나님이 내리신 결정입니다. 나는 교회의 결정에 순종하고 이자익 장로를 받들어서 열심히 교회를 섬기겠습니다."

이들은 집에 돌아와서는 주인과 머슴의 관계가 되었다. 그러나 교회에 가서는 반대로 장로와 평신도의 관계가 되었다. 두 사람 모두 열심히 자기 직분을 다했다. 그 뒤 조덕삼도 장로가 되었다.

조덕삼은 이자익을 1910년부터 5년간 평양신학교에 유학시켰다. 그 후 목사가 된 이자익을 금산교회 담임목사로 청빙했다. 물론 그때까지 조덕삼은 이자익을 위해 모든 것을 뒷바라지해주었다. 조덕삼의 따뜻한 뒷바라지에 힘입어 이자익 목사는 한국 개신교 사상 유례없는 장로교 총회장을 세 번이나 역임했다.

기존의 관습과 문화를 뛰어넘어 복음의 정신으로 살아가는 사람들이 필요하다. 사회에서는 볼 수 없는 진풍경을 창출할 수 있는 교회가 요청된다. 그래야 세상이 교회와 그리스도인들을 보면서 감동하게 될 것이다.

자리다툼이나 하고 주도권 싸움으로 물든 교회에서는 결코 행복을 맛볼 수 없다. 세상에서는 볼 수 없는 경이로운 삶으로 감동을 창출해야 한다. 상식을 뛰어넘어 하모니를 창출할 수 있는, 행동하는 영성을 갖춘 교회가 되어야 한다. 교회가 성령의 통치 아래 있을 때 탁월한 도덕성이 드러날 수 있다.

C·H·A·P·T·E·R·3
행복한 교회는 상처의 연쇄작용을 깨뜨린다

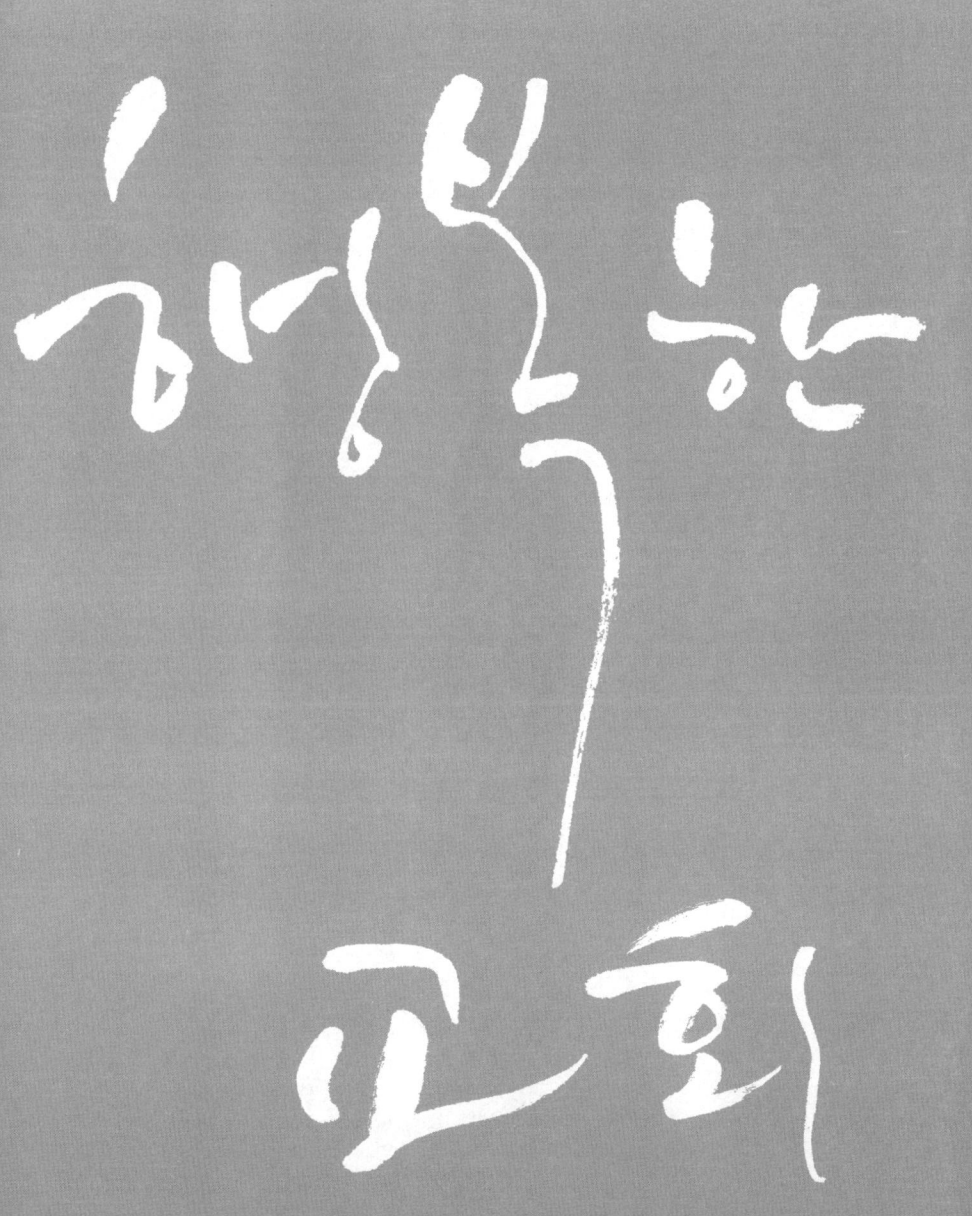

상처는 한 사람의 인생에 고통을 줄 뿐만 아니라 다른 사람과 공동체에
엄청난 악역향을 끼친다. 그러기에 행복한 공동체는 상처를 만들지 않는다.
그러나 병든 공동체는 수시로 상처를 만들고 상처는 또 다른 상처를 낳는다.

아홉 살짜리 사내아이가 동네 우물가를 지나다가 아줌마들이 자신에 대해 하는 말을 듣게 되었다.
"쟤는 왜 저렇게 삐쩍 마르고 눈만 커다란지 몰라. 정말 너무 보기 싫게 생겼어!"
"그러게 말이야."
동네 아낙네들의 이 한마디는 아이의 가슴에 비수처럼 꽂혔다. 그날부터 아이는 28년 동안 기 한번 펴지 못하고 살았다. 마음속에 열등감을 갖게 되면서 아무 일도 할 수 없는 사람이 되어버린 것이다.
"그래, 나는 못난 놈이야! 나는 너무 못생겨서 아무것도 할 수 없어!"
이 소년은 집이 부유해서 별다른 고생은 하지 않았다. 하지만 스스로 무능력자가 되었다. 대학은 졸업했지만 취직도 못하고 결혼도 못했다. 보다 못한 부모는 그를 미국으로 유학보냈다.

그러나 미국에 가서도 온전한 사람 구실을 하지 못했다. 다른 사람이 4~5년이면 마칠 공부를 13년이 넘도록 끝내지 못했다. 게다가 폐를 잘라낼 정도로 건강까지 악화되었다. 그는 서른일곱 살이 될 때까지 허송세월만 보냈다.

그가 열등의식을 극복할 수 있었던 것은 사랑하는 여인을 만나서였다. 아홉 살 때 받은 깊은 상처 때문에 30여 년을 마음으로 울면서 인생을 살았다. 하지만 한 여인과의 만남을 통해 새로운 인생을 시작하게 되었다. 이 사람이 바로 상담과 치유사역을 하는 정태기 교수이다.

입술의 30초가 가슴의 30년을 가져왔다. 생각 없이 던진 한마디가 다른 사람에게 30년의 상처를 준 것이다. 이렇게 상처는 자존감을 잃게 하고 스스로 못난 사람으로 여기게 한다. 스스로 무능한 삶을 살게 한다.

어느 교회에서 한 장로의 부덕한 행동을 치리하게 되었다. 징계받은 장로는 노회에 상소했다. 그뿐만 아니라 매 주일 교회 정문 앞에서 피켓을 들고 1인 시위를 하기 시작했다. 그러니 예배드리러 오는 성도들이 어떻겠는가? 동네 주민들이 그런 교회를 보고 무엇이라고 말하겠는가? 이처럼 상처는 무섭다.

상처는 한 사람의 인생에 고통을 줄 뿐만 아니라 다른 사람과 공동체에 엄청난 악영향을 끼친다. 그러기에 행복한 공동체는 상처를 만들지 않는다. 그러나 병든 공동체는 수시로 상처를 만든다. 그리고 상처는 또 다른 상처를 낳는다.

비교하고 질투하지 말라

인간의 손은 뛰어난 기능이 있어서 연장 중의 연장이라고 한다. 그래서 다섯 손가락 모두 매우 소중하다. 그런데 서로 도우며 일하던 손가락들이 어느 날 서로 자기가 최고라고 자랑하기 시작했다.

먼저 엄지가 나서더니 자랑스럽게 말했다.
"나는 여기서 힘이 제일 세! 최고라고 표현할 때 나를 들잖아."
그러자 검지가 나서면서 말했다.
"그렇지만 나는 여기서 하는 일이 제일 많아! 그리고 중요한 걸 가리킬 때 나를 사용하잖아."
장지가 질세라 뽐내며 말했다.
"무슨 소리야? 내가 제일이야. 왜냐하면 나는 여기서 제일 키가 크잖아!"
그러자 약지가 말했다.
"너희들 중에 나만큼 잘난 친구는 없을 거다. 서시나 양귀비 같은 미인들이 금은보석 반지를 어느 손가락에 끼지?"
그런데 새끼손가락은 아무리 생각해봐도 별로 특출난 것이 없었다. 새끼손가락이 고민 끝에 말을 내뱉었다.
"그래도 니들 내가 없으면 병신이여!"

인간에게는 비교의식이 있다. 그런데 다른 사람과 비교하다 보면 자칫 열등감이 들거나 교만이 싹트게 된다. 더구나 다른 사람과 비교당하게 되면 그렇게 자존심이 상할 수가 없다. 그래서 서로 비교하지 말아야 한다. 비교에서 시기심과 질투심이 발동한다.

사울 왕은 백성으로부터 인정받기를 원했다. 그래서 다윗과 비교했다. 백성이 다윗에게 박수를 보내자 질투심에 화가 났다. 결국 분노를 삼키지 못하고 죽이려는 계획을 세웠다. 그는 다윗을 죽이는 데 일평생 허비했다.

시기심과 질투심은 다른 사람에게 박수를 보낼 수 없게 한다. 시기하고 질투하는 사람은 절대로 다른 사람을 칭찬하지 못한다. 오히려 그를 깎아내리거나 넘어뜨리려 험담하고 모함한다. 그런데 기억할 사실이 있다. 시기와 질투는 자신이 판 함정일 뿐이라는 것이다.

한 농부가 염소와 나귀를 기르고 있었다. 주인은 무거운 짐을 묵묵히 잘 나르는 나귀를 매우 사랑했다. 염소는 주인의 이런 태도가 못마땅했다. 염소는 시기와 질투를 느껴 나귀를 해칠 계략을 꾸몄다.

"나귀야, 너처럼 불쌍한 동물도 없을 거야. 주인은 네게 힘든 일만 시키니 이런 억울한 일이 어디 있겠니? 내가 너에게 한 가지 꾀를 가르쳐주지."

염소는 나귀의 귀에 입을 대고 속삭였다.

"짐을 싣고 개울을 건널 때 자꾸 넘어지렴. 그러면 주인은 네 몸이 쇠약한 줄 알고 다시는 힘든 일을 시키지 않을 거야."

나귀는 개울을 건널 때 일부러 계속 넘어졌다. 주인은 평소 건강하던 나귀가 넘어지는 것을 보고 깜짝 놀라서 의사를 데려왔다. 의사가 말했다.

"나귀의 기력이 약해졌으니 염소의 간을 먹이면 금방 낫습니다."

주인은 즉시 염소를 잡아 나귀를 치료했다. 시기와 질투는 부메랑과 같다. 다른 사람을 끌어내리고 추락시키려 했지만 정작 희생되는 것은 자기 자신이다.

경쟁은 교회 밖에서만 일어나는 일이 아니다. 주님의 일을 하는 거룩한 공동체 안에서도 버젓이 일어난다. 서로 잘되는 것을 보지 못한다. 어떤 성도가 목회자의 사랑을 독차지한다고 생각되면 은근히 시기심이 난다. 그래서 괜스레 시비를 건다. 이런저런 말을 만들고 문제를 걸어 목회자로부터 멀리 떼어낸다.

예배를 마치고 나면 성도들과 인사를 나눈다. 남자 성도와 악수를 하는 것은 문제가 없다. 그런데 여성도와 인사를 나눌 때는 조심스럽다. 특히 젊은 여성도에게는 아예 손조차 내밀지 않는다. 괜히 말썽이 될 수도 있기 때문이다. 나이 든 분들은 더욱 민감하다. "목사님은 왜 나하고는 악수하지 않는 거야? 날 싫어하나? 뭐 섭섭한 게 있나?" 바쁜 와중에 손을 내밀지 못하면 상처를 받기도 한다. 목사님을 좋아하는 것이야 좋은 일이지만 그것이 시기심과 질투심으로 나타나서는 안 된다.

교회 안에서도 서로 인정해주고 존중해주지 못하는 부서 이기주의가 있다. 아파트 단지가 들어서면 교회들은 서로 경쟁적으로 전도한다. 이런 모습은 덕이 되지 않는다. 중직자 후보로 추천되었다가 피택되지 못하면 상처를 받는다. 심지어 부끄러워서 교회를 옮기기도 한다. 안타까운 일이 아닐 수 없다. 주님이 주시는 직분이 감투가 아님에도 불구하고.

19세기 영국 런던에 아주 유명한 목회자 세 사람이 있었다. 한 사람은 그리스도교회의 목사인 F. B. 마이어였고, 또 한 사람은 기독교

역사상 제일 설교를 잘한다고 평가받는 침례교회 스펄전 목사였으며, 또 한 사람은 웨스트민스터교회의 캠벨 몰간 목사였다.

세 사람 중 몰간 목사가 잠시 미국에서 사역하다가 영국으로 돌아와서 웨스트민스터교회를 담임하게 되었다. 그때 마이어 목사는 이런 고백을 했다.

"몰간 목사님이 미국에 있을 때는 그를 위해 기도하기 좋았는데, 같은 도시에서 사역하게 되니깐 그를 위해 기도하지 않게 되더라."

그래서 마이어 목사는 기도했다.

"하나님, 제 마음에서 이 시기와 질투심을 없애 주옵소서."

그러나 아무리 기도해도 그 시기는 끝나지 않았다. 그때 성령께서 마이어 목사에게 이런 음성을 들려주셨다.

"네 기도를 바꾸어라. 질투를 없애달라고 기도하지 말고 그들을 축복해달라고 기도하라."

그래서 이렇게 기도하기 시작했다.

"하나님, 스펄전 목사님과 캠벨 몰간 목사님의 교회를 축복해주셔서 사람들이 메워지도록 해주시고, 들어갈 자리가 없거든 우리 교회로 보내주옵소서."

결국 이들은 아름다운 동역자 정신으로 하나님 나라를 위해 멋지게 사역했다. 물론 이들이 섬기는 세 교회는 함께 성장했다.

사탄은 질투와 시기심을 충동질한다. 그러나 성령은 시기와 질투를 허용하지 않는다. 마음에 질투를 품으면 자신부터 죽게 된다. 그렇기에 시기와 질투의 늪에 걸려들지 말아야 한다. 질투는 아름다운 삶을 방해하고 행복의 문을 닫아버린다. 시기와 질투심을 이기는 비결이 있다. 오히려 나보다 나은 그 사람에게 박수를 보내야 한다. 그가 하는 일에 적극 협력해야 한다. 그에게 무엇인가를 배우려고 노력해야 한다. 그리고 그 사람처럼 능력 있는 사람이 되기 위해 실력을 키워야 한다.

사람은 은근히 질투심이 많다. 남이 잘되는 걸 배 아파하고 타인의 단점을 들춰내 흉보기를 좋아한다. 그래서 고대 로마의 시인 오비디우스는 "시기심은 살아 있는 자에게서 자라다 죽을 때 멈춘다"고 말했다. 17세기 프랑스 작가 라 포시푸코는 "질투 속에는 사랑보다 이기심이 더 많다"고 말하기도 했다. 질투는 인간의 본능 안에 깊이 뿌리 내린 죄의 DNA이다. 그럼에도 멋진 인생을 살기 위해서는 질투와 시기를 통제해야 한다. 그래야 행복한 공동체의 문이 열린다.

어떤 이유로도 다투지 말라

자식을 기르다 보면 형제끼리 싸울 때 가장 속상하다. 형제끼리 우애 있게 살아도 부족한 판에 서로 다투다니, 얼마나 안타까운 일인가? 그런데 교회가 그렇다. 가족이라고 말하면서도 서로 다투고 싸운다. 형제자매라고 말은 하지만 서로 갈등하고 아프게 만든다.

어느 날 몸에 있는 지체들이 비상회의를 열었다. 그때 갑자기 코가 일어나 말했다.

"여러분, 지금처럼 경기가 어려운 때 우리 중에 혼자 놀고먹는 못된 백수 한 놈 있습니다. 바로 저하고 제일 가까이 사는 입이라는 놈인데, 그 입은 자기가 하고 싶은 얘기는 혼자 다하고 먹고 싶은 음식도 혼자 다 먹습니다. 이런 의리 없는 입을 어떻게 할까요?"

그 말에 발이 맞장구쳤다.

"저도 입 때문에 죽을 지경입니다. 우리 주인이 얼마나 무겁습니까? 그 무거운 몸으로 몸짱 만들겠다고 뛰니 아파 죽겠습니다. 그래서 내가 왜 이 고생을 하나 하고 가만히 생각해보니 저 입이 혼자만 많이 먹어서 그런 것입니다."

그때 손이 일어나 거들었다.

"게다가 입은 건방집니다. 먹을 때 자기 혼자 먹으면 되지 않습니까? 개나 닭을 보세요. 그것들은 스스로 먹을 것을 잘 먹는데, 입은 날 보고 이거 갖다 달라 저거 갖다 달라 심부름을 시키고 자기만 먹습니다. 정말 메스꺼워 견딜 수가 없습니다."

마지막으로 눈이 말했다.

"이렇게 비판만 하지 말고 행동을 합시다. 앞으로는 맛있는 음식이 있어도 절대 보지 말고, 냄새도 맡지 말며, 입에 가져다주지도 맙시다."

그 제안이 통과되어 즉시 입을 굶기기 시작했다. 사흘이 지났다. 손과 발이 후들후들 떨렸다. 눈은 앞이 가물가물해서 아무것도 보이지 않았고, 코는 사방에서 풍겨오는 음식 냄새로 미칠 지경이었다.

바로 그때 아무 말 없이 조용히 있던 입이 말했다.

"여러분, 이러면 우리가 다 죽게 됩니다. 제가 저만을 위해 먹습니까? 여러분을 위해 먹는 것입니다. 먹기도 쉽지 않습니다. 때로는 입술도 깨물고 혀도 깨뭅니다. 그러니 너무 섭섭히 생각하지 말고 서로 협력하며 삽시다."

사도 바울은 갈라디아교회 성도들에게 말했다. "만일 서로 물고 먹으면 피차 멸망할까 조심하라"(갈 5:15). 여러 사람이 모인 공동체 인지라 서로 맞지 않을 수 있다. 함께 사역하다 보면 오해가 생길 수도 있다. 그러나 5-3=2이다. 오해(5)가 있어도 세 번(3) 자기를 빼고 생각하면 이해(2)가 된다. 서로 안 맞을 수도 있다. 갈등할 수도 있다. 아니, 어쩌면 서로 다투는 것이 당연한 일인지도 모른다. 그러나 잘 싸워야 한다. 서로 멸망하는 길을 걸어서는 안 된다.

부부가 싸우면 가정은 살벌해진다. 살벌한 가정에서 살아가는 자녀들은 불행하다. 어디에 마음을 두어야 할지 모른다. 그런 가정에 머물고 싶은 마음이 있겠는가? 그래서 밖으로 나돌게 된다. 결국 정상적인 인격을 소유한 사람으로 성장하기 힘들다. 그래서 사람들과 잘 어울리지 못하고 관계 장애를 가져온다. 나중에 부부생활에서, 사회생활에서, 교회 공동체에서 건강한 관계를 맺어가지 못한다.

교회도 마찬가지다. 목사와 장로가 싸우는 교회가 비일비재하다. 분노를 가라앉히지 못해서 삿대질해댄다. 목사와 장로가 멱살잡이도 하니 어찌 성직을 맡은 자라 할 수 있겠는가? 장로끼리 헤게모니 싸움을 하면서 파벌을 나누고 서로 다툰다. 권력싸움으로 모두가 피투성이가 된 채 피를 철철 흘린다. 그렇게 다투고 싸워서 도대체 뭘 얻겠다는 것인가? 회개해야 할 일이다. 그렇지 않으면 한국교회의 영적 갱신과 부흥은 기대할 수 없다.

왜 싸우는가? 욕심 때문이다. 명예욕 때문이다. 자신을 드러내고 싶은 공명심 때문이다. 거친 마음 때문이다. 성급함 때문이요 자기밖에 모르는 이기심 때문이다. 격동하는 분노를 다스리지 못하기 때문이다. 성령은 다툼을 걷어내고 우리를 하나 되게 하신다. 그러나 사악한 영은 분열을 조장한다. 파당을 짓게 한다. 아름다운 공동체를 치열한 싸움판으로 만든다.

행복을 만드는 성도는 조금 불편해도 참는다. 자기가 드러나지 않고 불편을 감수해야 할지라도 싸움만은 피한다. 그러나 사탄은 교회 안에 다툼과 분열을 불러일으킨다. 그리고 자신은 구경한다. 얼마 지나지 않아 교회는 자폭하게 된다.

어쩌면 교회의 원수는 내부에 있는지도 모른다. 형제를 향해 다툼을 일으키려는 자가 더 무서운 적이다. 다른 사람을 향해 들이받는 뿔을 깎아내야 한다. 그렇지 않으면 서로가 피투성이가 되어 하나님 나라를 위해 동역할 수 없다. 행복한 공동체를 만들려면 이유를 불문하고 서로 다투고 싸우지 말아야 한다. 그건 사탄이 쾌재 부를 일이다. 다투면서 이런저런 변명을 둘러대지 말아야 한다. 그건 자기 방어이자 합리화에 불과하다. 그런 변명 속에서 이루어지는 다툼으로 그리스도의 몸은 허물어지고 있다.

비난을 싹 틔우지 말라

세상에서 비판받지 않을 만큼 완벽한 사람은 없다. 다른 사람을 비판할 정도로 완벽한 사람도 없다. 또 비판받아도 괜찮을 만큼 착한 사람도 없다. 비난은 상처를 낳고, 상처는 또 다른 비난과 상처를 가져온다. 그러기에 행복한 공동체는 비난과 비판의 싹을 자른다.

그럼에도 사람은 흔히 다른 이는 다 잘못되었고, 자신의 생각과 판단만이 옳다고 믿는다. 그릇된 자기 확신일 뿐이다. 그래서 두려운 줄 모르고 남을 함부로 비난하고 판단한다. 비난을 입에 달고 사는 사람이 한두 명만 있어도 그 공동체는 금세 병이 들고 마는데.

사람은 비난을 통해 다른 사람을 가르치고 고치려 한다. 그런데 기억할 사실이 있다. 비난하고 지적하는 것으로는 그들의 악을 없애지 못한다는 사실을. 그것은 악을 증폭시킬 뿐이다. 비난은 사람을 더욱 망칠 뿐이다. 그러나 더 무서운 것은 스스로 악을 창조하는 사람이다. 비난을 일삼고 다니는 사람치고 공동체에서 인정받고 칭찬받는 사람을 본 적이 없다. 아름다운 향기를 발하는 사람은 비난하는 입을 단속하는 지혜를 갖고 있다.

이 세상에 다른 사람을 비난할 만큼 허물과 죄 없는 사람이 어디 있단 말인가? 사실 이중 잣대를 갖고 살 뿐이다. 자신에게는 지나치게 너그럽고 관대하다. 그러나 다른 사람에게는 지나치게 엄격하다. 그것은 병에 불과하다.

예수님은 비판하는 삶이야말로 제자들에게 어울리지 않는 삶이라고 말씀하셨다. "비판을 받지 아니하려거든 비판하지 말라"(마 7:1). 다른 사람을 비난하기 전에 먼저 자신의 눈에 있는 들보를 보는 지혜로운 마음을 가져야 한다. 남을 비난할 수 있는 사람은 자기 안에 있는 들보를 뺀 사람만이 가능하다.

"인간 속에 있는 악마를 없애려다 그 속에 있는 신에게 상처주지 않도록 주의하라"는 말이 있다. 혹시 다른 사람을 비난해야 할 상황이라면, 먼저 비난해야 할 그 사람 안에 있는 하나님의 형상을 봐야 한다. 그러면 비난할 용기가 당장 사라질 것이다. 우리가 어떤 사람을 비난하면 그 사람 안에 있는 하나님을 비난하는 것이 되기 때문이다.

미국 사람들이 가장 존경하는 대통령인 링컨은 사실 그렇게 호감 가는 얼굴은 아니다. 190센티미터가 넘는 키에 마른 몸매, 그리고 못생긴 외모 때문에 사람들로부터 많은 놀림을 받았다.

의회에서 어느 야당 의원이 링컨에게 악의적인 비난을 퍼부었다.

"링컨은 두 얼굴을 가진 이중인격자입니다. 여기서 다르고 저기서 다릅니다."

이 말을 들은 링컨의 대꾸가 걸작이었다.

"여러분, 만일 나에게 두 개의 얼굴이 있었다면 이런 중요한 자리에 하필 이 얼굴을 가지고 나왔겠습니까?"

순간 군중은 폭소를 터뜨렸다. 참기 어려운 비난 앞에서도 여유 있게 대처할 수 있는 넓은 아량이 부럽기만 하다.

한번은 이런 일도 있었다. 어느 날 몇몇 사람과 같이 역마차를 탔다. 그 안에는 몹시 흉하게 생긴 사내가 있었다. 그 사내는 링컨을 물끄러미 바라보더니 자기 주머니에서 작은 주머니칼을 건네주며 이렇게 말했다.

"오래전에 어떤 못생긴 사람이 나에게 이걸 주면서 나보다 못생긴 사람을 만나거든 이 칼을 전해주라고 하더군요. 오늘 임자를 만났네요. 자, 받으세요."

뜻밖의 말을 들은 링컨은 아무 말 없이 빙그레 웃으며 그 칼을 받았다. 얼마 후 링컨은 자주 어울리는 동료 변호사 앤디를 보자마자 느닷없이 장총을 들이대고 이렇게 말했다.

"자네는 이제 그만 죽어줘야겠네."

"아니, 그게 무슨 소린가? 아무 잘못 없는 내가 왜 죽어야 하지?"

"자네는 나보다 못생겼기 때문이네."

링컨은 자기가 가진 주머니칼에 얽힌 이야기를 해주었다. 그러고는 덧붙여 이렇게 말했다.

"자네에게 칼을 넘겨주어 평생을 괴롭게 만드느니, 차라리 자네를 없애버리는 게 옳지 않겠는가?"

"그렇다면 마음대로 하게나. 자네보다 못생겼다면 그런 얼굴로 살 이유가 없지."

잠시 침묵이 흐른 뒤 두 사람은 폭소를 터뜨렸다.

세상에 남을 비판하고 비난할 자격을 갖춘 사람은 한 명도 없다. 그런데 우리는 자주 누군가를 평가하거나 비판하고 비난하는 어리석음을 저지른다. 더구나 야비한 일인 줄 알지만 그 자리에 없는 사람을 흉보기도 한다. 그러나 기억해야 할 사실이 있다. 세상에 영원한 비밀은 존재하지 않는다. 어떤 소리도 그 사람의 귀에 들어가게 되어 있다. 그리고 그 비난의 소리는 부메랑이 되어 자신에게 되돌아온다. 그러기에 행복한 공동체를 만들기 위해서는 비난의 싹을 아예 틔우지 말아야 한다.

목사를 비난해서 목회할 힘을 잃게 하면 누가 손해보는가? 목사를 격려하고 칭찬해서 신나게 해도 시원찮을 판이다. 그런데 목사의 기를 죽이고 풀이 죽게 해서 무엇을 하자는 것인가? 함께 동역하는 지체를 서로 비난해서 얻을 수 있는 것은 상처뿐이다.

오해의 불씨를 제거하라

어느 날 예수님께서 제자들에게 "삼가 바리새인들의 누룩과 헤롯의 누룩을 주의하라!"고 경계하셨다(막 8:15). 그러자 제자들은 서로 수군거렸다. "이는 우리에게 떡이 없음이로다." 제자들은 예수님께서 먹을 것을 챙기지 못한 자신들을 책망하시는 것으로 오해했다. 그러나 예수님은 바리새인과 헤롯의 외식과 악한 행동을 조심하라고 경계하신 말씀이다.

교회나 사회에서 원만한 인간관계는 매우 중요하다. 그 관계가 어떠냐에 따라 행복할 수도 불행할 수도 있다. 그런데 이렇게 중요한 관계를 파괴하고 꼬이게 하는 원흉이 하나 있다. 그것이 바로 오해라는 것이다. 서로 의사소통이 잘 이루어져서 이해하면 행복하다. 어떤 일을 하더라도 수월하게 이뤄진다. 그런데 소통되지 않아 오해가 쌓이면 관계가 불편해지고 큰 상처를 받게 된다. 관계의 밑바닥에 오해가 쌓이면 무슨 일을 해도 협력하지 않고 도움을 주지 않는다.

더구나 교회 안에서 장로와 목사 간에 오해가 생기면 심각한 문제로 번져간다. 회의할 때도 반대를 위한 반대를 하게 된다. 옳고 그름의 문제가 아니다. 오해 때문에 그냥 싫은 것이다. 그래서 합리적이고 좋은 일임에도 괜히 문제를 제기한다. 무슨 일이든지 좋지 않은 눈으로 보면 문제는 있기 마련이다. 완벽한 일은 없다. 100퍼센트 동의하는 일은 없는 법이니까. 그래서 오해가 사람을 잡는다.

어느 여인이 먼 곳을 가기 위해 기차역에 도착했다. 배고프고 심심하기도 한지라 잡지와 과자 한 봉지를 샀다. 대합실에 앉아 기다리는데 한 남자가 옆으로 다가와서 앉았다. 그러고는 옆에 놓아둔 과자 봉지를 뜯는 것이 아닌가!

이 여인은 깜짝 놀랐다. 하지만 모른 척하고 과자를 하나 집어서 입에 넣었다. 그렇게 하면 남자가 눈치 채고 물러나리라 생각했던 것이다. 그런데 이게 웬일인가? 그 남자도 아무 말 없이 과자를 집어서 먹는 것이 아닌가!

여자는 그 남자가 괘씸했다. 그래서 아무 말도 하지 않고 계속해서 과자를 하나씩 집어먹었다. 그런데 남자도 말없이 과자를 집어먹었다. 어느새 과자는 하나밖에 남지 않았다. 남자는 마지막 과자를 절반으로 쪼개어 한쪽을 여자에게 주고, 나머지는 자기가 먹었다. 그런 다음 손을 털고 일어났다.

'세상에 저런 강심장도 다 있다니….'

어느덧 시간이 되어 여자는 기차를 탔다. 기차를 타고서도 그 남자의 뻔뻔한 모습이 떠올라 기분이 언짢았다. 드디어 기차가 출발했다. 휴지를 꺼내려고 가방을 여는 순간, 여자는 깜짝 놀랐다. 자신의 가방 속에 과자 봉지가 그대로 들어 있는 게 아닌가! 세상에 이럴 수가! 뻔뻔한 사람은 바로 자신이었던 것이다.

오해는 불신을 불러온다. 그 사람에 대한 불쾌감을 조장한다. 오해 때문에 관계가 서먹서먹해지고 급기야 멀어지게 된다. 오해를 풀지 않으면 함께 사역하기 어려워진다. 그래서 어떤 일이 있어도 오해가 쌓이지 않도록 조심해야 한다. 오해가 쌓이면 그 오해를 풀어야 한다. 그렇지 않으면 사탄이 틈을 타게 된다. 아무리 사역을 잘하는 능력과 실력을 갖췄다 할지라도 서로 오해가 생겨 불신하게 되면 협력할 수 없게 된다.

어느 토요일이었다. 목양실에서 설교를 준비하고 있는데 한 여집사님이 문을 두드렸다.

"집사님, 어쩐 일이세요?"

"목사님께 부탁하고 싶은 것이 있어서요."

"뭔데요?"

"목사님, 저희 어머니 심방 좀 해주세요. 목사님 혼자서요."

"왜요?"

그 집사님은 어머니가 병원에서 수술받게 된 경위를 설명해주었다. 교인들에게 알려질까 봐 아무에게도 알리지 않고 수술받은 것이다. 며칠이 지났는데 꿈에 내가 보였고, 통증도 너무 커서 나에게 기도를 부탁하게 되었다는 것이다.

그래서 나는 부교역자들에게도 알리지 않고 아내와 둘이서 심방 갔다. 그러고는 한참 동안 대화를 나누고 기도하고 돌아왔다.

그다음 주일이었다. 전도사님이 그 여집사님에게 "권사님이 왜 보이지 않느냐?"고 물었다.

그랬더니 시큰둥해서 대답했다.

"병원에 있지요."

깜짝 놀라서 물었다.

"무슨 일로요?"

여집사님은 교역자가 그것도 모르느냐는 식으로 말을 이어갔다. 오해한 것이다. 내가 부교역자들에게 그 사실을 알린 것으로 말이다.

사역을 하다 보면 오해받는 경우가 많다. 예배 후에 현관 앞에서 악수하다 보면 정신이 없다. 한꺼번에 쏟아져 나오는 교인들과 인사를 나누다 보면 이런저런 상황이 벌어진다.

어느 날 어떤 집사님이 상처받아서 교회에 안 나온다는 소식이 들렸다. "도대체 상처받을 일이 무엇이지?" 알고 보니 "목사님이 나를 무시했다"는 것이다. 도대체 무엇 때문에? 서로 대화를 나누어보니 별일이 아니었다. 예배를 마치고 집에 돌아갈 때였다. 그 집사님과 악수를 하다가 뒤에 다른 성도가 와서 고개를 돌렸다. 손은 그 집사님과 잡고 있는 상황에서 얼굴은 다른 성도에게 돌린 격이다. 절대 무시한 행동은 아니었다. 그렇지만 그 집사님은 자신을 무시하는 것으로 오해한 것이다.

교회 안에서 일어나는 오해는 무섭다. 공동체에 불신을 조장한다. 서로 서먹서먹한 관계를 만든다. 오해가 쌓이면 협조가 잘 안 된다. 그야말로 반대를 위한 반대를 하게 된다. 감정적으로 싫기 때문이다. 심지어 교회를 떠나는 사태까지 일어난다. 그러기에 오해가 깊어지지 않도록 조심해야 한다. 사탄은 성도 간에 오해를 불러일으켜 하나님의 나라가 진전되는 걸 방해하고 그리스도의 몸인 교회를 뒤흔든다.

정죄하고 모함하지 말라

어느 날 바리새인과 서기관들이 한 여인을 끌고 예수님 앞으로 왔다. 그리고 예수님을 향해 핏대를 세우며 물었다.

"모세 율법에는 이런 여인은 돌로 쳐 죽이라고 말하는데, 당신은 어떻게 생각하오?"

그들은 해답이 있으면서도 예수님을 곤경에 빠뜨리기 위해 묻고 있는 것이다. 그들은 율법의 잣대를 내밀었다. 그러나 성경 전체의 원리인 사랑과 용서의 법은 잊고 있었다. 그들은 다른 사람의 허물은 잘 잡아낸다. 그러나 정작 자신의 마음이 병들어 있음은 발견하지 못했다. 정죄를 통해 한 사람을 죽일 준비는 되어 있었지만 사랑의 법을 통해 한 사람을 살릴 준비는 되어 있지 않았다.

정죄하는 공동체는 절대 행복하지 않다. 죄를 찾자면 세상에서 정죄당하지 않을 자는 없다. 모두가 죄인이다. 그러나 사랑에 뿌리를 둔 이해와 용서가 죄를 이긴다. 정죄하는 자는 반드시 더 큰 정죄를 받게 된다. 율법은 상처만 낳을 뿐 사람을 살릴 수 없다. 그러나 사랑과 용서는 위로와 용기를 준다. 죽을 사람도 살릴 수가 있다.

어린아이 셋이 모여 각자 아버지를 자랑하고 있었다. 먼저 아버지가 의사인 아이가 두 팔을 벌리면서 말했다.

"너희, 우리 아버지가 얼마나 돈을 많이 버는지 알아? 한번 치료해 주면 돈을 이만큼 벌어."

그러자 옆에 있던 변호사의 아들이 질세라 더 크게 팔을 벌리며 말했다.

"우리 아버지는 더 많이 벌어. 한번 재판하면 돈이 이만큼 생긴다니까."

그 틈에 풀이 죽은 채 앉아 있는 한 아이가 있었다. 목사 아들이었다. 그 아이는 자랑할 게 별로 없었다. 하지만 아이는 잠시 후에 아주 좋은 생각이 났다는 듯 눈을 깜박이며 말했다.

"그건 아무것도 아니야. 우리 아빠가 한번 설교하면 돈 걷으려고 일어나는 사람이 열 명도 넘는단 말이야."

사람이면 누구나 자기와 관련된 사람이나 사물을 자랑하고 싶어 한다. 그런데 어떤 것은 자랑함으로써 마음이 은혜로부터 떠나게 되고, 어떤 것은 자랑함으로써 마음에 은혜가 깃들게 된다. 다른 사람을 마음껏 자랑하라. 그러나 자기 자랑과 자기 의는 내려놓아야 한다. 그래야 공동체가 행복해진다.

그리스도의 몸인 교회를 위해 섬기는 이들을 정죄하지 말아야 한다. 어떤 성도는 뭘 지적할 것이 그리 많은지 이것저것 못마땅해서 마구 지적한다. 털어서 먼지 안 나올 사람이 어디 있는가? 그저 사랑의 눈으로 덮어주고 용납하면서 살아갈 뿐이다. 정죄하는 사람 앞에서는 아무도 살아남을 자가 없다. 잡자고 하는데 잡히지 않을 사람이 없지 않은가! 그러나 사랑의 눈으로 보면 어떤 허물도 다 덮을 수 있다. 정죄의 눈이 아닌 사랑의 눈으로 바라봐야 한다. 그럼 다 이해하고 용납할 수 있다. 시어머니가 며느리를 며느리 보듯 보면 불행해진다. 친정 엄마가 딸을 바라보듯 할 때 공동체에는 행복의 웃음이 만발해진다.

미국 버지니아 주 스트래트퍼드 출신의 군인이자 교육자인 로버트

리 장군은 남북전쟁 당시 뛰어난 남군 사령관이었다. 그가 한번은 제퍼슨 데이비스 대통령에게 어떤 동료 장교를 높이 평가하고 있었다. 그때 지나가던 다른 장교가 우연히 그 말을 들었다. 그래서 걸어가는 리 장군의 걸음을 막고 물었다.

"장군님, 그는 당신의 원수가 아닙니까? 기회만 있으면 장군님을 헐뜯고 깎아내리려고 하는 자에 대해서 어떻게 그런 좋은 말을 할 수 있습니까?"

그러자 리 장군이 이렇게 대답했다.

"그거야 대통령이 그 사람이 나에게 어떻게 대하는가를 물으셨다면 그렇게 대답할 수 있겠지만, 그 사람이 하는 일에 대해서 물으셨으니 있는 그대로 이야기할 수밖에 없지 않은가?"

헐뜯고 모함하는 사람을 칭찬하는 것이야말로 아무나 할 수 없다. 그러나 자신을 헐뜯고 모함하고 돌아다니는 사람을 이기는 방법은 오히려 그를 칭찬하는 것이다. 똑같이 헐뜯고 모함하면 같은 사람이 된다. 그러나 그를 칭찬하면 언젠가는 더욱더 존경받게 될 것이다.

별 볼 일 없는 사람도 칭찬거리를 찾으면 나름대로 있다. 그러나 아무리 완벽한 것처럼 착각하는 사람도 흠을 찾으려 하면 수많은 흠이 나오기 마련이다. 감춰줄 수 있는 것은 감춰줘야 한다. 덮어줄 것은 덮어둬야 한다. 상대방이 가진 단점은 말하지 말고 장점만 보고 장점만 말해야 한다.

악한 사람들은 마음에 들지 않는 사람을 모함한다. 없는 일을 있는 것처럼 꾸며낸다. 있는 일을 없는 것처럼 은폐시킨다. 그야말로 뱀처럼 간교하다. 모함하는 사람이 한둘 있으면 공동체는 잠잠할 날이 없다. 이곳저곳을 돌아다니면서 모함하니 늘 폭풍우가 이는 바다 같다.

다른 사람으로부터 모함을 당해 본 경험이 있는가? 사람의 마음은 때때로 호수와 같이 잔잔하다가도 한순간에 폭풍우가 이는 바다처럼 변할 수 있다. 아무리 잔잔한 호수 같은 마음을 가진 사람일지라도 어떤 사람이 자신을 욕하고 모함하면 감정이 자극받게 되고 목소리가 변한다. 아무리 침착하고 냉정하려고 노력해도 쉽지 않다. 모함하는 사람은 절대로 있는 그대로 말하지 않는다. 사실을 부풀려 말하거나 없는 것을 있는 것처럼 만들어서 소문을 낸다. 의도성을 갖고 있으니까. 어떤 경우에는 함께 이야기를 주고받았으면서 그 이야기를 다 뒤집어씌워 뒤통수를 친다. 악한 사람들이 모함하는 말은 기름을 끓여서 퍼붓는 것처럼 위험하다. 그 기름은 마음에 엄청난 화상을 입히게 될 것이다.

평안하고 행복한 공동체를 이루기 위해서는 서로 모함하지 말아야 한다. 그러나 만약 모함을 당한다면 어떻게 해야 할까? 요셉은 안주인으로부터 너무나 억울한 누명을 뒤집어썼다. 요셉으로서는 주인을 위해 충성하고 순결을 지킨 죄밖에 없었다. 그러나 그는 안주인의 모함으로 감옥에 갇히는 신세가 되었다. 그래도 그는 자기 자신을 변호하지 않았다. 억울하다고 상소하지도 않았다. 그렇다고 체념한 것도 아니었다. 그저 모든 것을 하나님께 맡겼다. 하나님의 처분을 기다렸다. 그리고 기도했다.

모함당할 때 억울하다는 생각으로 대적하고 보복하려 든다면 문제는 더 심각해진다. 누군가 당신을 모함하고 있는가? 억울하게 누명을 뒤집어쓰는 아픔을 당했는가? 하나님은 살아계신다. 때때로 침묵

하시는 하나님이 답답하고 화 날 때도 있다. 그러나 신원하시는 하나님은 주무시지 않는다. 다 보고 계신다. 하나님이 일하실 때까지 기다릴 줄 아는 믿음을 가져보라. 공의로우신 하나님은 반드시 악한 자를 멸하시고 정직한 자를 도우실 것이다.

C·H·A·P·T·E·R·4
행복한 교회는 분열을 조장하지 않는다

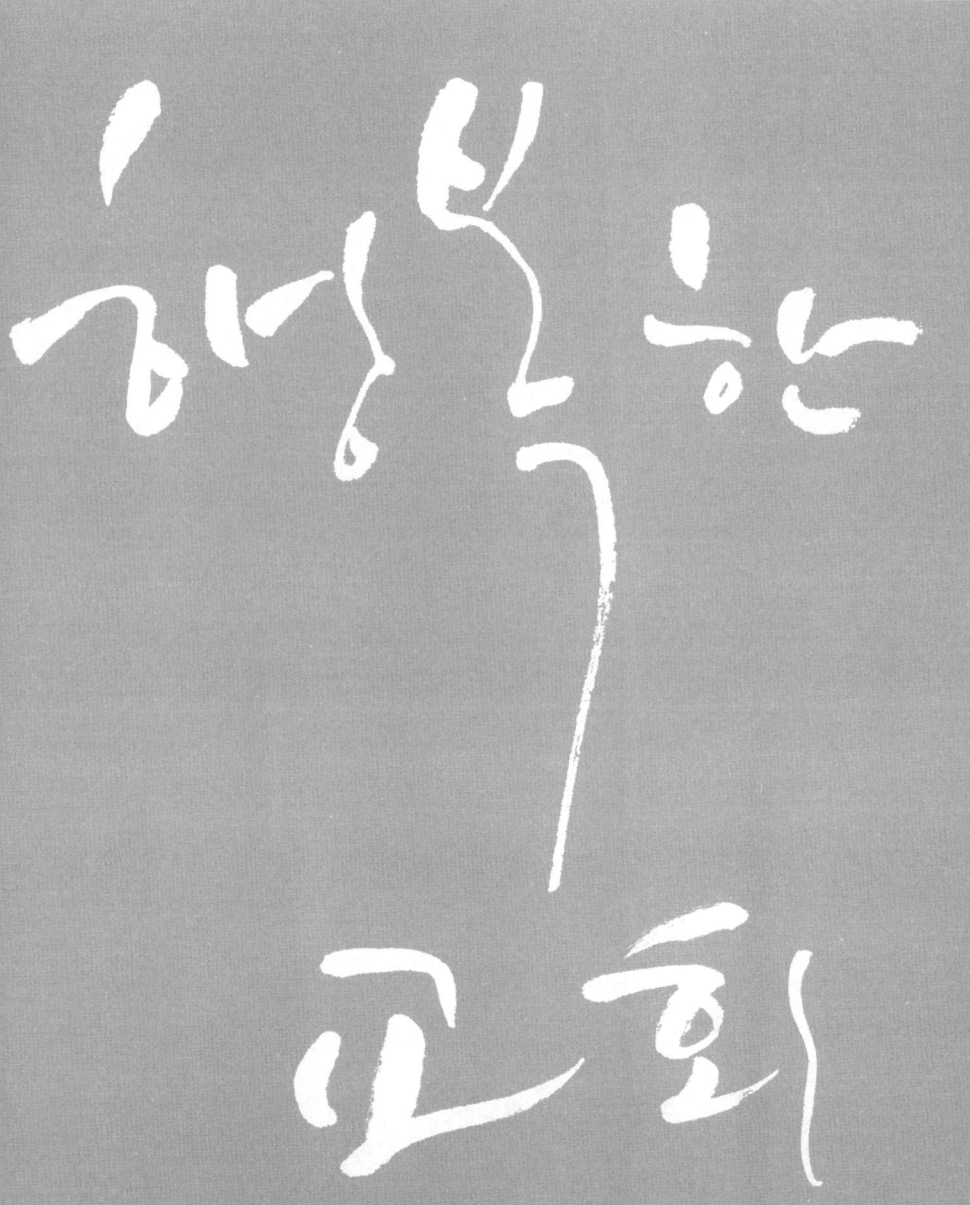

성도는 교회의 분열을 조장하는 말을 조심해야 한다.
거짓말을 일삼고 이간질하지 말아야 한다.
불평과 원망으로 공동체를 어둡게 만들지 말아야 한다. 이런 것은
모두 사탄의 간교한 전략이며 교회를 분열시키는 틈이 된다.

기획재정부가 국가미래전략을 세우기 위해 국민대학교 교수 등 19명의 연구진에게 '한국사회의 질적 수준 제고를 위한 미래연구'를 의뢰했다. 연구진은 49명의 각 분야 전문가를 심층 면접해서 사회 수준을 점수화했다. 여기서 나온 결론이 무엇인지 아는가? 놀라지 말라.

"한국은 4락 사회!" 즉, 한국 사회는 겉은 그럴듯한데 질적으로는 낙제라는 평가이다. 공정하지도, 포용적이지도, 안전하지도, 창의적이지도 않다는 분석이다. 경제 수준은 높아졌지만 정작 우리 사회 저변에는 어둠의 그늘이 항상 드리워져 있다는 것이다.

어느 젊은 목회자의 독백을 들어보라.

"교인들은 목사가 너무 젊으면 경험이 부족하다고 하고, 머리가 희

면 너무 늦어서 희망이 없다고 한다. 자녀가 많으면 무절제하다고 하고, 자녀가 없으면 하나님의 무슨 저주를 받은 것처럼 생각한다. 사모가 교회 일을 조금이라도 간섭하면 너무 설친다 하고, 전혀 간섭하지 않으면 실천이 없고 교회에 사랑과 관심이 없다고 한다.

원고를 보면서 설교하면 무미건조하다고 하고, 원고 없이 설교하면 즉흥적으로 설교하는 목사라고 한다. 예화를 들어 설교하면 성경말씀이 없는 설교라고 하고, 예화 없이 설교하면 너무 딱딱하고 재미없이 설교한다고 한다.

부잣집을 심방가면 가난한 교인들은 무시하는 돈만 아는 목사라고 하고, 가난한 교인 집에 심방가면 돈 없는 교인들에게 인기 얻으려 한다고 한다. 목사가 과감하고 단호하게 교회 일을 처리하면 독재자라고 하고, 조심스럽게 당회원과 제직들의 의견을 존중하여 처리하면 무능자라고 한다.

교인들의 잘못을 책망하면 사랑 없는 냉정한 목사라 하고, 교인들의 잘못을 지적하지 않고 오래 참으면 타협적이고 정의감 없는 우유부단한 목사라고 한다. 설교가 좀 길면 내용 없는 장광설이라고 하고, 짧으면 설교 준비도 제대로 하지 않는 게으른 목사라고 한다.

십일조를 설교하면 돈만 내라고 하는 목사라 하고, 헌금 설교를 전혀 하지 않으면 교인들의 신앙생활을 지도하지 않는 목사라고 한다. 목사가 잘살면 어려운 교인들을 이해하지 못하는 목사라 하고, 너무 못살면 하나님의 축복을 받지 못하는 목사라고 한다."

교회를 해치는 어둠의 영을 조심해야 한다. 거짓말을 일삼지 말아야 한다. 이간질하여 성도들을 분열시키지 말아야 한다. 불평과 원망으로 공동체를 어둡게 만들지 말아야 한다. 유언비어로 공동체를 불행하게 만들지 말아야 한다. 이것들은 모두 사탄의 간교한 전략이다.

거짓말하지 말고 현혹당하지 말라

바울은 그리스도 안에서 새로워진 성도는 거짓말을 하지 않는다고 공언한다. "그런즉 거짓을 버리고 각각 그 이웃과 더불어 참된 것을 말하라. 이는 우리가 서로 지체가 됨이라"(엡 4:25). 거짓말 stop! 참 말 go! 왜? 우리가 서로 지체이니까. 이것이 바로 성령으로 거듭난 성도의 삶이다.

1997년 4월 미국 캘리포니아대학에서 '사람이 하루에 몇 번이나 거짓말을 하는가?'를 조사했다. 조사 결과 사람은 8분에 한 번꼴로 하루에 200번 이상의 거짓말을 한다. 의도하든 의도하지 않든 간에 거짓말을 하지 않는 사람은 거의 없다는 뜻이다.

20명의 몸에 소형 마이크를 부착해서 조사했다. 가장 많이 하는 거짓말은 약속시간에 늦었을 때 '차가 막혀서'였다. 가장 거짓말을 많이 하는 직업으로는 점원, 정치인, 언론인, 변호사, 세일즈맨, 심리학자 순으로 나타났다.

거짓말의 사전적 의미는 '사실이 아닌 일을 사실인 것처럼 꾸며대어 하는 말'이다. 사실이 아니라고 알고 있거나 믿고 있는 것을 속일 의도로 하는 말이다. 따라서 어떤 사람을 속이려는 의도가 있느냐 없느냐에 따라 선의의 거짓말과 악의의 거짓말로 나누곤 한다.

우리는 살다 보면 상대를 기분 좋게 하고 유익하게 하는 선의의 거짓말도 한다. 일반적으로 우리가 하는 거짓말은 다른 이와 함께 살아가기 원하는 데서 기인하는 선의의 거짓말이 대부분이다. 선의의 거짓말은 진실이라는 칼로 상대방에게 상처주는 것을 피하고자 사실을 우회하는 것이다.

외모가 썩 좋지 않은 아이가 있었다. 친구들이 못생겼다고 놀렸다. 그래서 그 아이는 항상 우울해 있었다. 어느 날 친한 친구에게 물었다.

"내가 그렇게 못생겼니?"

친구가 사실대로 말하면 그 아이는 더 큰 실망을 하게 된다. 그때 지혜로운 친구라면 이렇게 대답할 것이다.

"못생기지 않았어. 애들이 그냥 장난치는 거야. 너는 마음이 예쁘니까 외모에 너무 신경 쓰지 않아도 돼!"

비록 거짓말이라고는 하지만 얼마나 위로와 용기를 주는 말인가?

우리는 다른 사람의 허물을 감춰주기 위해서 얼렁뚱땅 거짓말을 둘러댄다. 의사가 심각한 병에 걸린 환자를 안심시키기 위해 거짓말을 하기도 한다. 기생 라합이 적국 이스라엘의 정탐꾼들을 숨겨주기 위해 거짓말을 한 것처럼 말이다.

그뿐인가? 사람들은 살아가면서 당혹스러운 상황을 모면하기 위해 거짓말을 둘러대기도 한다. 이단들이 벨을 누르면, 아이들에게 집에 있으면서도 "아무도 없다" 말하라고 시킨다. 약속시간에 늦으면 "차가 너무 막혀서…"라고 하면서 적절한 핑계를 둘러대느라 거짓말을 하기도 한다.

"착한 일을 하면 산타 할아버지가 선물을 준다."
"이 주사 하나도 안 아파. 겁내지 마."
"자꾸 울면 호랑이가 잡아간다."

우리가 자주 사용하는 플라시보 효과(placebo effect)도 일종의 거짓말이다. 실제로 아무 효과나 효능이 없지만 권위 있는 사람의 말로 심리적인 안정을 가져오는 것이 바로 플라시보 효과이다.

제2차 세계 대전이 한창이던 시절이었다. 야전병원에서는 의약품이 턱없이 부족했다. 부상병들을 그대로 내버려둘 수 없었던 의사들은 가짜 약을 진짜 약이라고 속이고서 부상병들에게 투약했다. 그러자 놀라운 치료효과를 보였다. 의사에 대한 신뢰와 꼭 나을 거라는 자신의 믿음이 병을 낫게 했던 것이다. 이게 바로 플라시보 효과이다.

이런 종류의 거짓말이야 다른 사람이나 공동체에 그렇게 큰 해악을 끼치지는 않는다. 그런데 다른 사람을 분노하게 하고 피해를 주는 악의의 거짓말도 있다. 문제는 악의의 거짓말이다. 이것은 자신의 이익을 위해 다른 사람에게 심각한 피해를 준다. 악의의 거짓말은 복수를 위한 무기가 되기도 하므로 절대로 해서는 안 된다.

리플리 효과(Ripley Effect)라는 것이 있다. 자신이 바라는 세계만을 진짜라고 믿고, 자신이 발을 딛고 사는 현실을 오히려 허구라고 믿는 것을 말한다. 리플리병에 걸린 사람들은 자신이 존재하고 있는 현실을 허구라고 본다. 오히려 자신이 만들어낸 세계, 즉 자신이 되고자 하는 허구의 세계를 진짜라고 믿는다. '리플리'라는 말은 사소한 거짓말로 시작해 점점 더 대담한 거짓말로 허황된 삶을 꿈꾸는 한 영화의 주인공 이름에서 따온 것이다. 그렇다. 거짓말은 또 다른 거짓말을 부른다. 결국 서로에게 엄청난 피해를 준다.

거짓말은 있는 것도 없게 만들고 없는 것도 있게 만든다. 그래서 레닌은 "거짓말은 혁명의 강력한 수단이며 100번 하면 참말이 된다"고 했다. 한 걸음 더 나아가 히틀러는 "아무리 새빨간 거짓말도 10번 이상 반복하면 참말로 들린다"고 말했다. 거짓말은 공산주의 체제를 유지하는 중요한 산맥이다. 사실 공동체에서 거짓말을 일삼는 사람은 무서운 암과 같은 존재이다. 사탄은 이런 자를 찾아 자기의 하수인으로 매수한다.

행복한 공동체는 거짓을 일삼지 않는다. 거짓말을 일삼는 한두 사람이 그 공동체를 얼마나 상처로 얼룩지게 하는지 아는가? 이런 사람들은 없는 말을 지어내 다른 사람을 곤란하게 만든다. 그런데 안타까운 일은 거짓말하는 사람의 말을 처음 들을 때는 "그럴 리가 있어?"라고 하지만, 자꾸 듣다 보면 익숙해져서 자신도 모르게 그걸 받아들이게 된다는 사실이다. 이러한 거짓말은 공동체 구성원에게 부정적 영향을 미친다. 기쁨과 평안을 빼앗아간다.

루스벨트는 미국의 제26대 대통령이다. 어느 날 그가 한 잡지를 보다가 자신이 형편없는 술주정뱅이라는 기사가 실린 것을 보았다. 놀란 그는 비서관을 불러서 이 상황을 어떻게 처리해야 할지 논의했다. 비서관은 당장 잡지사 사장과 기자를 불러 따끔하게 혼내주자고 건의했다. 하지만 그건 권력 남용이라고 생각한 루스벨트는 잠시 생각에 잠겼다.

"정식으로 고소하세. 그리고 명예훼손으로 손해배상을 청구해야 겠네."

얼마 뒤, 재판이 열리자 많은 사람이 법정을 가득 메웠다. 예민한 문제인 만큼 판사는 신중하게 한 사람 한 사람씩 심문했다. 그리고 종합하여 배심원들과 논의했다. 드디어 판결이 내려졌다.

"귀 잡지사의 기사는 허위로 판명되었으며 개인의 명예를 훼손한 것이 인정되는 바 귀사는 대통령에게 손해배상금을 지불하시오."

판결이 내려지자 순간 방청석이 술렁이기 시작했다. 모두 손해배상금을 내고 나면 잡지사는 더는 회사를 유지할 수 없을 것이라고 입을 모았다. 그때 판사의 말이 이어졌다.

"대통령이 요구한 손해배상금은 1달러입니다. 이만 재판을 마칩니다."

방청석은 다시 술렁이기 시작했다. 자기 귀를 의심한 비서관은 루스벨트에게 실망스런 목소리로 물었다.

"명예훼손의 대가가 고작 1달러란 말입니까?"

그러자 대통령은 흐뭇한 미소를 지으며 말했다.

"내겐 손해배상금이 의미가 없다네. 중요한 것은 진실이지. 그리고 그 진실을 판단할 수 있는 것은 권력이 아니라 재판이네. 이제 진실은 밝혀졌으니 오해는 풀렸을 것이고 나는 그것으로 만족한다네."

공동체 안에 거짓말이 공공연히 나돌고 있다. 그런데 사랑이라는 미명 아래 눈감아주고 있다. 한 번, 두 번 눈감아준 거짓말쟁이는 계속해서 습관적으로 다른 사람이나 공동체를 해치는 거짓말을 유포한다. 누군가 거짓말을 할 때 귀를 기울이지 말아야 한다. 한두 번 들어주다 보면 거기에 재미를 느끼게 된다. 아예 "No!"라고 단호하게 거부하는 용기를 가져야 한다. 그래야 거짓말의 끈이 끊어지게 된다.

거짓말을 하지 않는 것도 중요하다. 그러나 거짓말에 현혹당하거나 동조하지 않는 일도 소중하다.

이간질로 분열을 조장하지 말라

이쪽에 가서 이 말을 하고, 저쪽에 가서 저 말을 하면서 좋은 관계를 이간질하는 사람이 있다. 정치판에서 이간질하는 것이야 너무 익숙한 일이지만 경제적인 이익을 추구하는 기업 생리에도 이간질은 허용되는 편이다. 직장생활을 하면서도 흔히 이간질하는 사람을 본다. 왜냐하면 이간질을 통해 상대방을 끌어내리고 대신 자신이 올라가려고 하기 때문에.

그런데 문제는 영적 공동체인 교회에서도 이간질이 공공연하게 이루어지고 있다는 사실이다. 교회란 거룩한 영적 공동체가 아닌가? 이간질은 사탄과 어둠의 영이 즐기는 전략이다. 그런데 거룩한 목회자와 성도들이 이간질을 일삼고 있다.

이간질은 두 사람 사이에서 상대방을 헐뜯거나 방해해서 서로 멀어지게 하는 행위를 말한다. 이런 행위에는 아무리 안 그런 척해도 나쁜 의도가 숨어 있다. 천사의 얼굴을 하고 있지만 그 속에는 음흉한 속셈이 감추어져 있는 것이다. 그래서 이간질하는 사람이 공동체 안에 몇몇만 있어도 그 공동체는 어두워지고 힘들어진다.

큰 고목이 한 그루 있었다. 그 나무에는 매가 둥지를 틀고 살았고, 아래에는 멧돼지 가족이 살았다. 매와 멧돼지는 서로 먹을 것을 나누며 사이좋게 지냈다. 사이좋게 지내는 매와 멧돼지 가족을 보고 여우는 질투가 났다. 그래서 이 둘을 찾아다니면서 이간질했다.

먼저 매에게 찾아가서 말했다.

"너, 멧돼지를 조심해! 네가 없을 때 나무를 흔들어 둥지를 허물 거야."

그러고는 다시 멧돼지에게 찾아가서 말했다.

"너, 매를 조심해. 네가 없을 때 네 새끼들을 잡아먹을 거야."

그 말을 들은 매와 멧돼지는 서로 의심하게 되었다. 그리고 자기 둥지와 새끼를 지키기 위해서 아무 데도 갈 수 없었다. 결국 이들은 모두 굶어 죽고 말았다.

사탄은 악한 여우처럼 매우 간사하다. 서로 신뢰하며 행복하게 살아가는 사람들을 찾아가 이간질해서 등 돌리게 만든다. 그런데 사람들은 이간질하는 사탄의 전략을 모른 채 서로 불신한다. 사탄은 사랑으로 뭉친 공동체를 깨뜨린다. 사랑이 식게 만든다. 의심의 눈초리를 뜨게 만든다. 급기야 가까운 사람들을 갈라놓는다.

교회 안에는 이 사람에게 이 말 하고 저 사람에게 저 말 해서 서로 의심하게 하는 사람이 있다. 어떤 성도는 담임목사와 부교역자 사이를 이간질해서 신뢰관계를 깨뜨린다. 교역자들이 불신하게 되자 담임목사의 이런저런 일을 장로에게 고자질해서 어렵게 만든다. 이간질하는 사람이 끼어들면 관계가 좋던 목사와 장로가 서로 의심의 눈초리로 바라보게 된다.

그런데 많은 성도가 이들의 달콤한 말에 속아 넘어가고 있다. 그래서 목사를 의심한다. 그렇게 좋았던 관계는 온데간데없고 서로를 믿으려 하지 않는다. 교회가 흔들리지 않으려면 이간질하는 사람의 정체를 밝혀야 한다. 아니, 그를 조종해서 음흉한 일을 꾸미고 있는 어둠의 실체를 잡아내야 한다.

교회 분열을 일삼는 어떤 자도 용납할 수 없다. 최근 몇몇 방송사와 언론 매체가 기독교를 이간질하고 있다. 안티크리스천들은 별별 방법을 다 동원해서 교회를 넘어뜨리려 하고 있다. 요즘은 이단들마저도 교회 분열에 적극 가담하고 있다. 이들의 수법에 교회가 말려들어서는 안 된다.

한국교회 성도들은 교회 연합을 강력히 염원하고 있다. 월간 〈현대종교〉가 기독교인 281명을 대상으로 '교회 개혁을 위한 설문조사'를 실시했다. 그 결과 응답자의 94.3퍼센트가 교회 분열은 절대 바람직하지 않다고 응답했다. 어떤 명분을 내세워서라도 교회 분열을 획책하는 사람의 악한 행위를 교회는 강력하게 막아야 한다. 자신의 영광과 권세를 위해서 서로 이간질하는 사탄의 책략을 허용해서는 안 된다. 자신의 교권을 위해 교회의 하나 됨을 깨뜨려서는 안 된다.

어느 노(老) 목사님이 이런 설교를 하는 것을 들은 적이 있다. "내가 교회에서 가장 싫어하는 것이 하나 있다면 그것은 진리에 대한 무관심이다. 이들은 교회는 다니지만 무엇을 믿는지에 대해 아무런 관심도 보이지 않는 사람들이다. 또한 교회 사역에서 내가 가장 두려워하는 것이 하나 있다면 그것은 분열이다. 그리스도의 피로 산 교회를 분열시키려는 시도를 나는 가장 두려워하고 경계한다."

이간질하고 교회의 분열을 일삼는 사람과 동행하지 말아야 한다. 그의 말에 귀를 기울이지 말아야 한다. 어떤 사람을 이간질하든지 간에 강력하게 거부해야 한다. 그렇지 않으면 교회가 위험에 빠질 수 있다.

불평하고 원망하지 말라

바울은 빌립보교회 성도들에게 "모든 일을 원망과 시비가 없게 하라"고 말했다(빌 2:14). 원망과 시비가 일어나는 순간 어둠의 영이 임한다. 좋은 일을 하고서도 불평하고 원망하는 사람이 있으면 분위기가 어두워지고 평화가 깨어진다.

마르다는 예수님을 사랑했다. 사랑하는 예수님께 좋은 것으로 대접하기 위해 일찍부터 부지런히 음식을 장만했다. 비록 기쁘고 즐거운 마음으로 시작하기는 했지만 마음이 분주해지면서 힘들었다. 게다가 여동생 마리아는 예수님 곁에 앉아서 말씀만 듣고 편하게 있었다. 어느덧 마르다는 짜증이 났다. 그래서 예수님께 부탁했다. "마리아에게 명하여 나를 좀 도와주라고 해주세요." 그렇게 좋던 자매 사이에도 불평과 원망하는 마음이 싹틀 수 있다.

원망은 우리 인생에 아무런 도움이 되지 못한다. 배우자를 원망하는 사람은 불행하다. 시어머니와 며느리를 원망하는 가정이 행복할 수 없다. 목회자를 원망하는 사람치고 영적으로 성장하고 행복하게 신앙생활을 하는 사람은 거의 없다. 교회를 원망하는 사람은 그 교회에서 오랫동안 신앙생활을 할 수 없다. 원망하는 가정이나 교회는 불행하다. 원망의 쓴 뿌리를 뽑아내야 행복이 찾아온다.

원망하고 불평하는 마음에는 감사가 사라진다. 평화가 사라지고 행복도 사라진다. 이런 사람이 일하면 주변에서 함께 일하는 사람들이 상처 입고 다치게 된다. 그들이 쏟아놓는 불평과 원망의 소리 때문에 하나 됨이 깨어진다.

어느 집 화단 구석에 장미 한 송이 피었다. 이 장미는 불평 장미였다. 눈만 뜨면 불평을 털어놓았다. 밤이면 "춥고 어두워서 못 있겠으니 거실로 옮겨달라"고 주인을 졸랐다. 주인은 장미를 화분에 옮겨서 거실에 두었다.

얼마 후 장미는 또다시 주인에게 불평했다. "여기는 나비가 찾아오지 않으니 창가에 옮겨달라"고 했다. 그러자 주인은 장미를 창가에 옮겨주었다. 하지만 장미의 불평 습관은 멈추지 않았다. "창가에는 고양이가 지나다녀서 싫다"며 "화병에 넣어 방안으로 옮겨달라"고 했다. 마음씨 좋은 주인은 다시 장미를 화병으로 옮겨 방안에 두었다. 며칠 뒤 장미는 또다시 주인에게 불평하며 말했다. "바깥 화단으로 옮겨달라." 하지만 이미 뿌리가 잘린 장미는 시들어버렸다. 급기야 주인은 장미를 뽑아 쓰레기통에 버리고 말았다.

불평하는 사람을 좋아하는 사람은 아무도 없다. 함께 일하는 사람이 불평만 일삼아보라. 그에게서 자꾸 멀어지고 싶다. 그와 함께 일하다 보면 내 마음도 전염되어 짜증이 난다. 불평은 자신을 죽일 뿐만 아니라 다른 사람도 죽이고 만다. 그들의 해악은 온 공동체를 어둠의 그늘로 몰아넣는다.

미국의 유명한 심리학자인 웨인 다이어는 세상에는 두 종류의 인간이 있다고 말한다. 하나는 하는 일 없이 늘 불평불만을 꽥꽥대며

늘어놓는 오리형 인간이고, 다른 하나는 땅에서 움직이는 먹이를 손바닥 보듯 내려다보는 독수리형 인간이다. 당신은 어떤가? 우리가 섬기는 공동체에는 어떤 유형의 사람이 많은가?

교회 안에 만성적인 불평병을 앓고 있는 성도가 있다. 그 사람은 불평불만이 가득해서 어느 것 하나 만족하지 않는다. 다른 사람이 하는 일마다 못마땅하고 짜증이 난다. 사사건건 간섭하고 시비를 건다. 사탄은 이런 사람을 절대 놓치지 않는다. 그를 사용해서 목사에게 불평하게 만든다. 목사가 하는 일마다 시비를 걸게 만든다. 그러니 목사가 재밌겠는가? 제직회를 할 때마다 원망을 털어놓는다. 다른 사람은 문제가 없는데 본인만 싫어한다.

우물가에서 두 머슴이 얘기하고 있었다. 한 머슴이 불평했다.

"이게 뭐야. 아무리 물통에 물을 잔뜩 채워 가봐야 무슨 소용이 있겠어. 얼마 안 가서 다 써버리고 또 물을 길어 와야 하잖아."

이 불평을 듣고 있던 다른 머슴이 빙긋이 웃으며 말했다.

"그것은 네가 잘못 생각한 거지. 나는 우물에 올 때마다 빈 통으로 오지만 갈 때는 꽉 채워 가는 뿌듯함으로 기쁘기 이를 데 없네. 생각해봐. 물통에 물을 채워 가면 집안사람들이 얼마나 유용하게 쓰는지."

같은 일을 하면서도 만족하는 사람과 불평하며 원망하는 사람이 있다. 같은 사람을 보면서도 어떤 사람은 불평하고 원망한다. 그런데 어떤 사람은 감사한다. 어떤 사람이 행복하겠는가? 어떤 사람이 있는 공동체가 행복하겠는가? 행복한 공동체를 꿈꾼다면 불평하고 원망하는 습관을 버려야 한다. 당신의 불평과 원망은 다른 사람에게 전염되어 불행하게 만든다. 그 원망 소리 때문에 공동체의 앞날은 불행해진다. 열 정탐꾼과 그들의 불평 소리에 밤을 새워 원망했던 이스라엘 백성처럼.

험담은 발사된 총알이다

지혜의 왕 솔로몬은 이렇게 말했다. "두루 다니며 한담하는 자는 남의 비밀을 누설하나 마음이 신실한 자는 그런 것을 숨기느니라"(잠 11:13). 또한 폴 마이어즈는 "험담은 발사된 총알과 같다. 일단 한번 총소리를 듣고 나면 그것을 도로 무를 수가 없다"라고 말했다. 험담은 상대방의 인격을 모독하는 행위이다. 험담하는 소리를 듣게 되면 누구나 부정적인 감정에 휘둘리게 된다. 더구나 험담은 그 사람의 자존심을 갉아먹는다. 무심코 했다고 할지라도 험담은 평생 그 사람을 따라다니면서 괴롭힌다. 그러나 격려와 칭찬이 가득한 말 한마디는 듣는 사람의 자존감을 세워준다. 그 사람의 인격적인 성장을 돕는다. 한 사람의 인생에 성공의 날개를 달아준다.

당신은 다른 사람에 대해 어떤 말을 하는가? 험담하는 사람은 행복 파괴자이다. 그러나 칭찬하고 격려하는 사람은 행복 제조자이다. 다른 사람에게 어떻게 말하느냐 하는 것은 당신의 선택이다. 그 선택이 우리의 행복을 결정한다. 그러므로 당신이 가진 자유의지를 선한 일에 사용해야 한다.

아주 먼 옛날의 이야기다. 한 신이 화살에 마법을 걸어 사람들 주위를 날아다니면서 그들을 쏘아 죽이게 만들었다. 그리고 사람들에게도 그 화살을 나눠주었다. 그 화살을 가진 사람이 화살을 쏘아 상대방을 맞혀 죽이더라도, 결국엔 그 화살이 처음 화살을 쏜 사람에게로 되돌아와 그 사람마저도 죽이도록 마법을 걸었던 것이다.

시간이 지났다. 결국 사람들은 모두 죽었다. 더는 희생될 사람이 없어졌다. 그렇게 되자 그 화살은 방향을 그 신에게로 돌렸다. 결국 마법을 걸었던 신마저도 자신이 사람들에게 쏜 화살과 사람들에게 나눠주었던 화살을 피해 다니는 데 온 생을 바쳐야 했다.

그 화살의 이름이 무엇인지 아는가? 바로 험담이다. 한 번 활시위를 떠난 화살은 되돌아오지 않는다. 말이라는 것 역시 한 번 내뱉으면 다시 주워 담을 수 없다. 그러기에 지혜로운 사람은 말하기 전에 한 번 더 깊이 생각해보고 말한다.

깊이 생각하지 않고 쉽게 상대방을 판단하고 험담하는 것은 상대방을 죽이는 행위가 아니라 오히려 자신을 죽이는 행위로 돌변한다. 험담이란 활시위는 상대방을 겨누고 있는 것처럼 보이지만 항상 활을 쏘는 그 사람의 가슴을 겨누고 있다는 것을 명심해야 한다.

현대 사회에서 남의 말을 들어주는 경청의 기술은 성공적인 삶의 비결이다. 그러나 어떤 말을 듣느냐가 중요하다. 험담을 들어주는 것은 험담하는 사람을 더 신나게 만든다. 사람들이 자기 말을 들어주기 때문에 자꾸 험담하게 된다. 다른 사람에게 흠집 내는 말을 하려고 할 때 과감하게 선언하라. "No!"라고. 그리고 그 사람에게 그렇게 하지 말라고 권고하라. 험담하는 자리를 피하라. 험담하지 말라고 권고하는 데도 듣지 않으면 그 사람을 피하라. 왜냐하면 그 사람의 험담 탓에 많은 사람이 오염되고 아파할 것이기 때문이다.

사실 남의 말을 하는 것은 별식 같아서 재미를 더해줄 수 있다. 하지만 그것은 백해무익하다. 남의 말을 하려거든 칭찬하는 말을 하라. 칭찬은 많이 할수록 힘이 된다. 들으면 들을수록 기분 좋은 것이 칭찬이다. 칭찬은 자기에게도 유익하고 상대방에게도 큰 유익을 준다. 그 칭찬은 훗날 자신에게로 다시 돌아온다. 칭찬은 끝없이 생산적인 에너지를 분출하지만 험담은 끝없이 악을 생산한다.

교회 안에 남의 험담을 하고 다니는 사람이 있을 때 공동체는 평안할 날이 없다. 다른 사람들은 그 사람의 험담 때문에 숱한 상처를 입어야 한다. 그가 공동체에 미치는 부정적인 영향력은 교회 밖에 있는 나쁜 사람이 해를 끼치는 것보다 훨씬 더 심하다.

그래서 토니 에반스는 「승리하는 그리스도인으로 사는 방법」에서 이렇게 말한다. "사탄은 우리가 서로 헐뜯는 것을 즐긴다. 사탄이 우리의 차이를 부각시킬수록 우리는 자신이 특별한 목적을 이루는 하나님의 도구라는 사실을 점점 망각하게 된다." 다른 사람을 험담하는가? 그렇다면 당신의 험담 때문에 사탄은 쾌재를 부르고 있음을 알아야 한다.

비판하고 험담하는 습관은 매우 저주스러운 일이며 우리가 살아가면서 절대 해서는 안 될 일이다. 그러나 당신을 비판하고 험담하는 이가 있을 때 어떻게 할 것인가? 성 카비르는 말한다. "비판하거나 험담하는 이를 너희에게 해를 끼친 사람이나 적으로 여기지 말라. 그들을 너희 어머니, 아버지, 친척 또는 친구를 대하듯 존중해주라. 만일 너희를 가장 동정하는 이가 있다면 그야말로 너를 비판하고 험담하는 사람이다."

험담하고 다니는 사람은 기억해야 할 사실이 있다. 손가락질할 때 손 하나를 펴서 사람을 가리켜보라. 반드시 세 손가락은 자기를 향하고 있을 것이다. 그러니 남이 하나쯤 잘못했으면 나는 셋쯤 잘못하고 있는 것이다. 얼마나 우스운 일인가? 더 많은 흉을 갖고 있으면서 남의 흉을 보고 돌아다니니. 열 가지 흉을 가진 사람이 남의 흉 한 가지를 볼 수는 없지 않은가?

험담이 나쁘고 악한 일인 줄 알면서도 왜 멈추지 않고 계속하는가? 로리 팰라트닉과 밥 버그는 「험담」이라는 책에서 사람들이 험담하는 이유를 이렇게 지적한다. 첫째, 남의 약점과 결함을 부각시키면 상대적으로 우월감을 느낄 수 있다. 둘째, 험담하는 동안 모든 사람의 주목을 받을 수 있다. 만인의 눈이 험담하고 있는 한 사람에게로 고정되어 그 사람으로 하여금 중요한 사람이 된 듯한 기분이 들게 한다. 셋째, 사는 게 지루하다. 그런데 험담하면 사는 게 조금은 재미있다. 넷째, 험담을 빼면 할 얘기가 없다. 다섯째, 거의 모든 사람이 험담을 용인한다. 사실 대부분의 사람은 험담을 용인하는 데서 그치지 않고 부추기기까지 한다. 심지어 어떤 언론인은 '남의 얘기를 가장 빨리 전달하는 기자'라는 말을 듣기 위해 치열하게 싸우기도 한다.

행복한 공동체는 남을 비난하고 험담하는 사람이 사라진다. 그러나 불행한 공동체는 남의 말을 하고 옮기기를 좋아하는 사람이 많아진다. 사탄은 남을 비난하고 험담하게 하여 행복한 공동체를 사탄의 나라로 만들기에 혈안이 되어 있다.

유언비어는 세 사람을 죽인다

사람은 뱀의 독보다도 더 무서운 혀를 갖고 있다. 어떤 사람은 그 입에서 남을 해하는 거짓말을 서슴지 않고 일삼는다. 거짓 소문을 퍼뜨리고 다른 사람을 험담하여 한 사람을 공동체로부터 매장시킨다. 정치인은 유언비어를 정치 수완으로 그럴듯하게 사용한다. 그런데 국민은 그 유언비어를 거르지 않고 그대로 받아들인다. 최근에 가짜 뉴스가 판을 치고 있다. 그런데 국민은 가짜 뉴스에 부화뇌동한다. 가짜 뉴스를 만들어 유포하는 사람을 즐겁고 행복하게 만드는 일이다.

이상하게도 신앙 공동체 안에서도 근거 없는 뜬소문이 자주 만들어지고, 또 사람들은 그것을 잘 믿는다. 말도 안 되는 유언비어가 공동체 안에 난무하여 아수라장이 되기도 한다. 그래서 사도 베드로는 "그러므로 모든 악독과 모든 기만과 외식과 시기와 모든 비방하는 말을 버리라"고 말한다(벧전 2:1).

성도는 근거 없는 소문에 휘말리지 말아야 한다. 루머연구가 미하엘 셸레는 "소문은 나를 파괴하는 정체불명의 괴물"이라고 정의한다. 소문이 미치는 영향력은 생각보다 파괴적이다. 나쁜 소문은 사람을 죽일 수도 있다. 그런데 불행하게도 좋은 말보다 나쁜 말일수록 더 빨리 퍼진다. 그래서 "나쁜 소문은 날아가고 좋은 소문은 기어간다"고 말한다.

세상에는 진실과 거리가 먼 유언비어가 너무 많다. 전혀 사실이 아닌 것이 마치 사실처럼 떠돌아다닌다. 길거리에서 들은 말은 대부분

진실과는 거리가 멀다. 하지만 소문이나 유언비어를 퍼뜨리며 흥분과 재미를 느끼지 않는 사람은 거의 없다. 소문은 진실을 왜곡시키고, 심지어 사람을 죽일 수도 있다. 그러기에 말을 할 때는 한 번 더 신중히 생각하는 태도가 필요하다.

출처가 밝혀지지 않은 말은 듣지도 말고 듣더라도 더는 유포시키지 말아야 한다. 무성한 소문을 대할 때 누구나 힘들다. 근거 없는 소문이 나돌 때 마음이 상하고 분노가 일어난다. 그때 사람들은 너무 민감하게 대응한다. 그래도 즉각적으로 반응하고 싶은 유혹을 뿌리쳐야 한다.

우리는 사실을 검증하기 위해 반드시 몇 가지 질문을 던져봐야 한다. 첫째, 그 소문은 사실인가? 둘째, 누가 그 소문을 시작했는가? 셋째, 왜 그 소문은 시작되었는가? 넷째, 그 소문은 어떻게 해서 그렇게 널리 퍼졌는가? 다섯째, 교회의 주요 구성원은 그 소문에 대해서 어떻게 생각하고 있는가?

좋은 말이야 유포될수록 좋다. 그러나 나쁜 소문은 더는 퍼지지 않도록 막아야 한다. 그렇지 않으면 많은 사람이 해를 입기 때문이다. 우리가 잘 알고 있듯이 나쁜 소문을 퍼뜨리는 데는 악한 의도가 숨어 있다. 그러기에 좋지 않은 소문이 나돌 때는 아예 귀를 막아버리는 것이 현명하다. 왜냐하면 나쁜 사람이 퍼뜨리는 악한 의도에 말려드는 꼴이 되기 때문이다.

우리는 1퍼센트의 진실도 담기지 않은 말이 100퍼센트 사실처럼 소문으로 나돌아 다니는 것을 본다. 많은 사람은 그 말을 듣고 100퍼센트 사실처럼 받아들인다. 그래서 그 소문의 당사자는 죽음으로 내몰린다.

어느 정도의 진실이 담긴 말일지라도 소문으로 나돌아서는 안 된다. 왜냐하면 소문이란 늘 나쁜 의도가 숨어 있기에 사실이 왜곡되기 십상이다. 소문은 반드시 부풀려지거나 축소되어 떠돌아다닌다.

1983년 영국 이스트본에서 열세 살 소년이 자살한 사건이 발생했다. 소년의 이름은 토머스 크레이븐이다. 그 소년은 모범생으로 자살할 이유가 전혀 없었다. 그런데 그의 일기에 다음과 같은 글이 적혀 있었다.

"우리 가정은 악마의 저주를 받아 가족들이 일찍 죽는다는 소문을 들었다. 죽음이 두렵다. 어차피 죽을 운명이라면 어머니 곁에서 죽는 편이 낫다."

소년을 죽인 범인은 악의에 찬 헛소문이었다. 사실 이 소문은 전혀 근거가 없었다. 이 가정에 적개심을 품은 한 노인이 퍼뜨린 유언비어였다.

살인은 한 사람을 죽인다. 그러나 험담은 세 사람을 죽인다. 험담을 퍼뜨린 자신과 험담의 주인공과 험담을 들은 사람이 모두 피해를 본다. 좋은 말을 하면 좋은 일이 생기고 저주의 말을 쏟아내면 반드시 저주를 받는다. 어리석고 말하기 좋아하는 사람은 다른 사람의 인격을 모독하며 남의 허물을 들추어내어 떠들어댄다. 그러나 지혜로운 사람은 신중하게 처신하며 조심해서 말을 내뱉는다. 남을 비판하기에 앞서 자신을 먼저 살펴보고 남의 허물을 사랑으로 덮어주어야 한다.

정신지체아 아들을 데리고 교회에 나오는 한 부인이 있었다. 남편은 교회에 나오기를 꺼렸다. 그 소년은 어린아이를 좋아하는 편이어서 아이들을 보면 종종 말을 걸곤 했다. 어느 날 이를 본 한 어머니가 여러 사람 앞에서 이렇게 말했다.

"우리 애한테 그 정신지체아 소년이 가까이 오지 않았으면 좋겠어요. 요즘 아이들은 모방심이 강해서요."

그 후 2주도 채 지나지 않아서 그 소년은 어울릴 수 없는 나쁜 습관을 지닌 아이로 내몰렸다. 근거 없는 소문이 온 교회에 퍼졌다. 물론 그로 인해 그 부인의 가족은 엄청난 피해를 입었다.

공동체에 유언비어를 죽이는 약을 살포해야 한다. 유언비어를 하는 사람에게 귀 기울이지 말아야 한다. 유언비어를 퍼뜨리면 "그러지 말라"고 강하게 권면해야 한다. 이것만이 모든 교인과 목회자가 행복한 교회를 세울 수 있는 첩경이다.

C·H·A·P·T·E·R·5
행복한 교회는 열린 생각으로 사랑한다

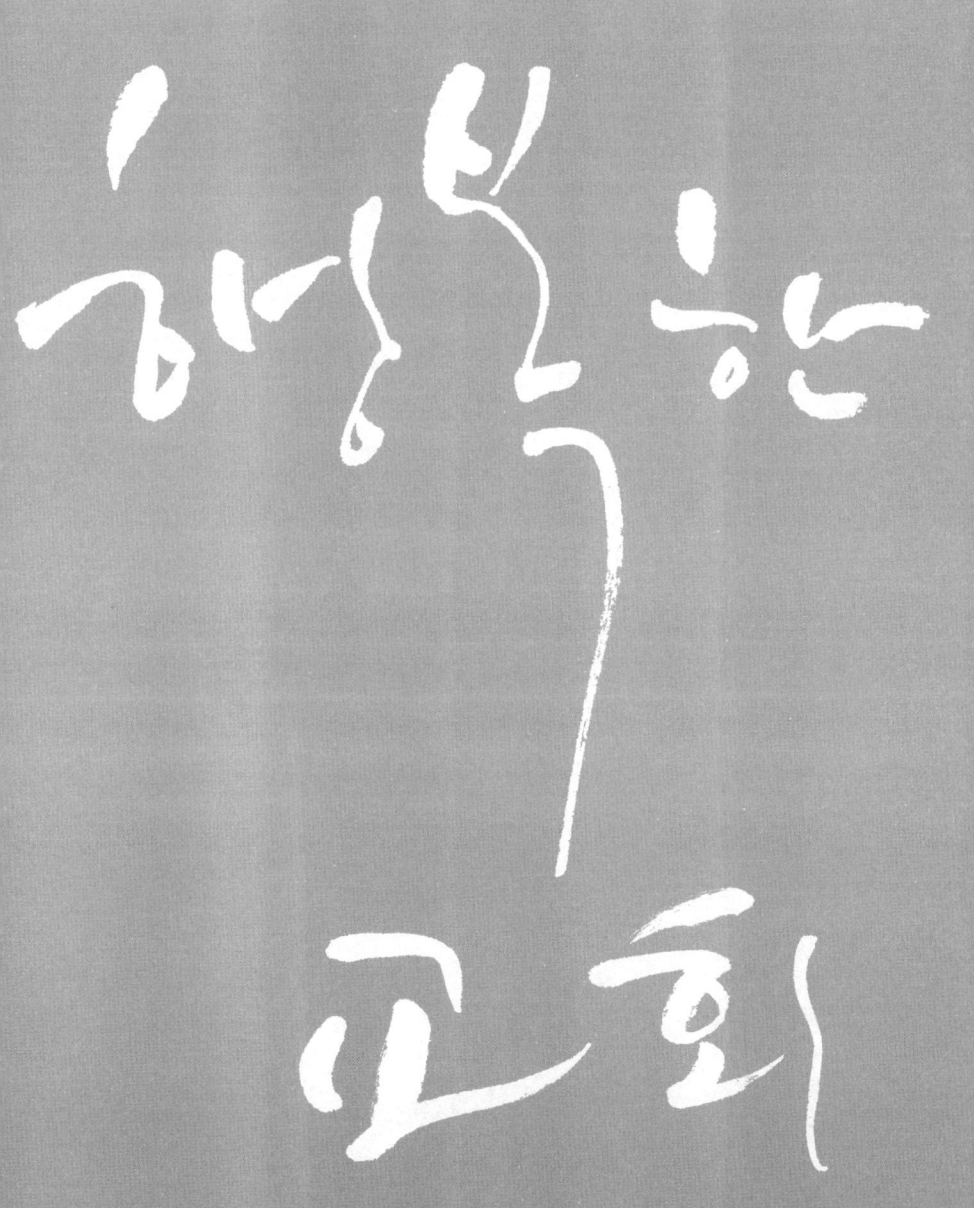

당신이 가진 생각이 당신의 행복을 결정한다. 교회 공동체도 마찬가지다. 공동체 구성원이 어떤 생각을 품느냐에 따라 그 공동체가 행복해질 수도 불행의 굴레에 휘말릴 수도 있다.

나는 큰딸 혜린이에게 자주 이런 말을 한다.

"혜린이는 아주 예뻐!"

그러면 딸은 이내 대답한다.

"아니야."

"아니야. 우리 딸 진짜 예쁘다니까."

"딸이니까 그렇게 생각하는 거지"

"아니야. 아빠가 아무리 객관적으로 생각해봐도 혜린이는 예뻐."

"딸인데, 어떻게 객관적으로 생각할 수 있어?"

누가 뭐라고 해도 아빠에게 딸은 예쁜 존재이다. 다소 과장된 생각일지라도 그게 아름답다.

어떤 사람은 '나는 왜 이렇게 못났을까' 하는 생각을 갖고 살아간다.

그런데 기억해야 할 사실이 있다. "세상에 못난 사람은 없다. 단지 못났다고 생각하는 사람만 있을 뿐이다." 당신의 생각은 어떤가? 공동체의 지체들은 어떤 사고 패턴을 보이고 있는가? 닫힌 사고는 불행을 만든다. 그러나 열린 생각은 감동을 낳는다.

생각은 운명을 좌우한다

미국 텍사스의 한 물류회사 냉동창고에서 있었던 실화이다. 그날은 사장의 생일파티가 있는 날이었다. 그래서 모두 들뜬 마음으로 일과를 마쳤다. 서두르느라 직원 모두 냉동창고 안에서 잔업하고 있던 동료 잭을 챙기질 못했다. 그리고 밖에서 냉동창고 문을 잠그고는 퇴근했다.

다음날 직원들이 출근해서 보니 냉동창고에 갇힌 잭은 고드름처럼 꽁꽁 얼어붙은 주검으로 발견되었다. 부검해보니 예상대로 사인은 동사로 판명되었다. 저체온증으로 세포가 얼어 괴사하여 죽은 것이다.

그런데 그의 죽음은 미스터리한 사건으로 분류되어 특별수사팀의 정밀조사가 시작되었다. 왜냐하면 사고 당시 잭이 갇혀 있던 냉동창고의 전기 플러그가 뽑혀 있어서 냉동창고는 가동되지 않았기 때문이다. 실제로 냉동창고의 실내온도는 영상 11도였다. 영상 11도에서는 사람이 얼어 죽을 수 없다.

특별조사팀은 잭이 웅크리고 죽은 냉동창고의 구석 바닥에서 날카로운 물체로 쓰인 글을 발견했다.

"아! 냉동창고에 갇혔다. 점점 추워진다. 온몸이 얼어간다. 이제 나는 죽어가고 있다."

조사결과 잭이 죽게 된 사인은 추위 때문이 아니었다. '추워서 곧 죽게 될 것'이라는 그의 얼어붙은 생각 때문에 실제로 죽게 된 것이었다. 그의 생각이 그를 속였다. 그의 생각이 그를 죽인 것이다. 이것이 바로 생각의 힘이다. "생각이 바뀌면 세상이 변한다." 이것은 하버드대학교 연구소에서 〈뉴스위크〉 지에 발표한 '20세기 최고의 발견'이라는 제하의 논문 요지이다. 인류사의 발전과 변화는 본질적으로 생각의 변화에 있었다는 것이다.

「뇌내혁명」에서 하루야 마시게오는 "플러스 발상이 몸과 마음에 최고의 약이 된다"라고 말한다. 사람이 생각하면 그 생각은 그저 스쳐 지나가지 않는다. 오히려 몸속에 특별한 물질을 만들어 보내놓고 지나간다. 선하고 즐거운 생각을 하면 엔도르핀 같은 치유물질을 생성한다. 그러나 악하고 불쾌한 생각을 하면 독성이 가득한 물질을 분비한다. 긍정적으로 생각하느냐 부정적으로 생각하느냐에 따라 영상 11도에서 얼어 죽을 수도 살 수도 있다. "대저 그 마음의 생각이 어떠하면 그 위인도 그러한즉"(잠 23:7).

평소에 어떤 생각을 하는가를 보면 그 사람이 어떤 사람인지를 알 수 있다. 한 사람이 가진 생각으로 그 사람을 평가할 수 있다. 생각하는 것이 행동으로 옮겨진다. 그뿐만 아니라 사람이 품은 생각에 따라서 그 자신이 만들어진다. 악한 것을 생각하는 사람은 악하게 행동한다. 성적인 것을 깊이 생각하는 사람은 언젠가는 성범죄를 저지른다. 그래서 사무엘 스마일즈는 이렇게 말한다. "생각은 행동을 낳고, 행동은 습관을 만들고, 습관이 쌓이면 성품이 되고, 성품은 그 사람의 운명을 결정한다." 그래서 '평소에 어떤 생각을 하는가' 하는 것은 매우 중요하다.

미국의 쉐드 햄스터더라는 심리학자는 "인간이 하루에 몇 가지 생각을 하며 살아가는가?"를 조사했다. 그 결과 인간은 하루 4~6만 가지 생각을 하며 살아간다고 한다. 그런데 그중 75퍼센트는 부정적인 생각이라, 인간의 75퍼센트가 불행한 인생을 살고 있다는 주장이다.

당신이 가진 생각이 당신의 행복을 결정한다. 당신이 품고 있는 생각 때문에 불행해질 수도 실패하는 인생으로 전락할 수도 있다. 교회 공동체도 마찬가지다. 공동체 구성원이 어떤 생각을 품느냐에 따라 그 공동체가 행복해질 수도 불행의 굴레에 휘말릴 수도 있다.

똑같은 사실이나 현상을 보아도 생각은 각기 다르다. 매사를 부정적이고 비판적으로 보는 이가 있다. 그는 파멸과 부정적인 결과를 낳는다. 그러나 매사를 긍정적으로 생각하는 사람은 긍정적인 결과를 낳는다. 당신은 어떤 생각을 심고 있는가?

한 사람이 부정적이고 비판적인 생각을 하고 말을 하는 것보다 더 중요한 것이 있다. 그것은 그 사람이 공동체에 미치는 영향력이다. 열 정탐꾼의 말을 들은 이스라엘 백성들의 모습을 주시해보라. "온 회중이 소리를 높여 부르짖으며 백성이 밤새도록 통곡하였더라"(민 14:1). 이스라엘 백성들은 밤새워 철야기도를 한 것이 아니라 밤샘 농성을 했다. 그러니 부정적인 생각과 말을 하는 사람의 폐해가 얼마나 큰가? 공동체 전체를 어지럽게 만든다.

교회 안에서 함께 사역하다 보면 서로 잘 맞지 않아 불편함을 느낄 때가 있다. "우리는 너무 안 맞아서 도저히 함께 사역할 수 없어!"라고 말한다. 그러나 서로 잘 맞아서 동역하는 사람이 얼마나 될까? 서로 맞지 않는 구석은 많지만 서로 맞춰가면서 사역할 뿐이다. '안 맞는다'는 것은 결국 '양보하지 않겠다. 이해하지 않겠다'는 말밖에 되지 않는다.

'된다, 할 수 있다'고 생각하는 사람은 모든 일을 해낸다. 반면 '안 된다, 할 수 없다'고 생각하는 사람은 어떤 일도 해내지 못한다. 모든 일은 생각하기 나름이고 마음먹기 나름이다. 서로 안 맞지만 '함께 잘해 보자!'고 생각하고 노력하면 못 할 게 뭐가 있으랴.

다 잘할 순 없다. 생각만큼 일을 잘해 내지 못하는 사람도 있다. "당신 때문에 일이 제대로 안 되잖아!"라고 말할 수도 있다. 그리고 도움이 되지 않는다고 무시하고 따돌릴 수도 있다. 하지만 그렇게 하는 순간 공동체에 불행이 찾아온다. 무시당하고 따돌림당하는 한 사람만 불행해지는 것이 아니라 공동체 전체가 하나님의 은혜를 경험할 수 없게 된다. 약한 자를 통해서 일하시는 하나님의 능력을 경험할 수 없게 된다. 하나님은 우리가 무시하는 바로 그 사람을 통해서도 무한한 능력을 나타내기 원하신다.

부정적인 생각으로 가득한 공동체는 하나님의 일하심을 경험할 수 없다. 하나님은 없는 것 가운데 있게 하시는 분이다. 불가능한 상황에서도 가능을 만드실 수 있다. 인간적인 계산으로 아무런 답이 나오지 않을 것 같은 때도 해답을 보여주신다. 보리 떡 다섯 개와 물고기 두 마리지만 오천 명이 먹고 열두 광주리가 남은 기적이 일어날 수 있다. 하나님은 우리가 생각하는 범주에서만 일하시는 게 아니다. 우리가 생각하는 범주를 뛰어넘어서 사역하시는 분이다.

그러니 주의 일을 할 때는 관점을 달리해야 한다. 자꾸 부정적인 쪽으로 몰아가지 말고 긍정적인 쪽으로 유도해야 한다. 어떤 프로젝트를 제안하면 일단 고개를 갸우뚱하면서 '글쎄요'라고 반응하는 일꾼이 있다. 당신이 안 된다는 생각을 하기 때문에 목회자는 얼마나 힘들어하고 의욕을 잃고 있는지 아는가? 설령 안 될 것 같을지라도 '한번 해보자'는 생각으로 용기를 불어넣어 줄 때 목회자는 일할 의욕이 생긴다. 목회할 맛이 난다. 물론 긍정적인 생각 속에서 하나님은 그 능력을 나타내신다. 긍정의 파도가 몰아칠 때 공동체는 하나님의 기적으로 물들게 된다.

사탄에게 생각의 문을 열어주지 말라

우리는 무한경쟁시대를 살아가고 있다. 우리가 싸워야 할 적들이 천지에 도사리고 있다. 그들을 이기지 않으면 더 좋은 대우를 받을 수 없고 올라갈 수도 없다. 동료가 적이고, 상·하급자도 치열한 경쟁자이다. 그러나 그런 생각을 갖고 일하는 사람보다 더 좋은 건 상생과 공생의 관점을 갖고 일하는 사람일 것이다.

교회 안에서도 세상적인 관점으로 생각하는 이들이 있다. 직분을 승진하는 것처럼 생각한다. 장로를 따고 권사를 딴다고 표현한다. 그러니 내가 올라가기 위해 보이지 않는 경쟁을 한다. 이런 과정에 사탄이 어떻게 작용하는지 알고 있는가?

우리는 이 세상에서 보이지 않는 영적 세력과 치열한 전쟁을 하고 있다. 하나님의 사람은 영적 전쟁이 얼마나 치열하게 진행되고 있는지를 알아야 한다. 그런데 사탄이 영적 전쟁에서 이기기 위해 어떤 작업을 하는지 아는가? 바로 우리의 생각 속에 악하고 잘못된 생각을 집어넣는다. 이러한 사탄의 전략을 모르면 영적 전쟁에서 백전백패하고 만다.

사탄이 우리의 생각을 어떻게 공략하고 있는지 보라. 그리고 사탄이 심어놓은 생각 앞에서 어떻게 넘어지는지도 보라. 타락한 천사는 하나님을 떠나 인간 세계를 장악하기 위해 땅에 왔다. 간교한 사탄은 뱀에게 들어가서 아담과 하와를 꾀었다. 하와에게 그럴듯한 생각을 집어넣었다. 선악과를 먹으면 눈이 밝아져 하나님같이 될 것이라고 유혹했다. 그러자 하와는 어떻게 했는가? 혼란스러워졌다. 결국 아담과 하와가 함께 사탄이 심어놓은 생각에 넘어지고 말았다(창 3장).

어디 그뿐인가? 사탄은 예수님의 사랑을 한몸에 받던 가룟 유다에게도 찾아와서 생각을 교란시켰다. 사탄은 가룟 유다의 마음에 예수를 팔려는 생각을 집어넣었다(요 13:2). 가룟 유다는 예수님을 팔 생각을 뿌리치지 못했다. 그는 차라리 나지 않았으면 더 좋았을 뻔했다(마 26:24).

더 심각한 일이 있다. 예수님의 수제자 베드로는 예수님께서 죽으실 것이라는 말에 펄쩍 뛰었다. 예수님을 너무 사랑했기 때문이다. 자신의 몸을 던져서라도 스승을 지키겠다고 큰소리쳤다. 그러나 베드로는 그것이 하나님의 일을 생각지 아니하고 사람의 일을 생각하는 줄은 꿈에도 몰랐다. 결국 예수님은 "사탄아 내 뒤로 물러 가라"

고 책망하셨다(마 16:23).

베드로는 인간적으로 고마운 사람이다. 스승이 어려움을 당할 때 목숨을 내걸고 지키겠다고 말했다. 그러나 그것은 인간적인 생각이었다. 그래서 예수님이 가려고 하신 길을 막으려 했다. 육신적인 생각이자 인간적인 관점이었다. 아니, 사탄이 넣어준 생각이었다. 베드로는 그것을 눈치 채지 못했다.

많은 사람이 평소에 좋지 않은 생각이 떠오르는 것을 대수롭지 않게 여긴다. 다른 사람을 넘어지게 만드는 생각, 은근히 다른 사람을 따돌리려는 생각, 은근히 공동체와 목회자를 비판하는 생각. 그런데 이런 나쁜 생각이 사탄에게서 오는 줄도 모르고 있다. 가룟 유다의 마음속에 좋지 않은 생각을 넣은 사탄은 오늘도 우리 마음속에 좋지 않은 생각을 넣곤 한다.

함께 사역하다 보면 섭섭한 생각이 들 때가 있다. 그럴 때는 그 사람과 함께하고 싶지 않다. 피하고 싶다는 생각을 하게 된다. 그가 저쪽에서 오면 다른 쪽으로 피해 가고 싶다. 같은 공간에 있어도 얼굴을 피하고 싶다. 마주 보는 것이 껄끄럽다. 그러니 그가 하는 일마다 못마땅하다. 이것저것 문제를 제기한다. 그가 일을 잘하면 오히려 속상하다. 이런 생각을 하게 된 원인이 무엇인가? 사탄의 생각에 놀아나고 있는 것이다. 인간적인 생각으로 바라보지 말고 영적인 관점에서 생각해야 한다.

나는 27세에 교육전도사로 부임했다. 처음에 대학부를 지도하게 되었다. 그런데 청년들의 세계로 들어갈 수가 없었다. 왜? 전임자가 사역을 너무 잘했기 때문이다. 게다가 다른 교회로 부임한 전임자가 몇몇 청년과 성경공부를 하고 있었다. 교육자의 윤리에서 벗어난 일이었다.

속상할 수밖에 없었다. 그러나 원망한 적은 없었다. 청년들 속으로 들어가야 하는데 그들이 마음의 문을 닫아서 고통스러웠다. 그러나 하나님께 맡겼다. 그리고 끊임없이 청년들의 마음을 두드렸다. 근 1년 반 만에 그들과 하나 될 수 있었다. 만약 그때 전임자를 원망했다면? 마음을 열지 않는 청년들에게 섭섭한 생각을 했다면? 아마 청년들의 마음을 얻지 못했을 것이다.

모든 생각을 함부로 받아들여서는 안 된다. 사탄이 넣는 생각을 지혜롭게 분별해야 한다. 성령께서 주시는 생각이 무엇인지를 알아야 한다. 머리 위로 지나가는 새는 어쩔 수가 없다. 그러나 내 머리에 둥지를 트는 새는 막아야 한다. 그렇듯이 누구나 지나치는 생각은 어쩔 수가 없다. 그러나 좋지 않은 생각이 내 마음속에 둥지를 틀게 해서는 안 된다. 과감하게 내쫓아야 한다. 오래 간직하면서 기회 있을 때마다 끄집어내어 곰곰이 묵상하지는 말아야 한다.

그런데 많은 사람이 사탄이 넣는 생각에 아무런 생각도 없이 무의식적으로 끌려다닌다. 생각이 사람을 만든다. 좋은 생각이 좋은 사람을 만들고 나쁜 생각이 나쁜 사람을 만든다. 건강한 생각을 하면 아름다운 인생을 살 수 있다. 그러나 병든 생각을 하면 불행한 인생이 된다. 착한 생각이 착한 사람을 만들고 악한 생각이 악한 사람을 만든다. 거룩한 생각이 거룩한 사람을 만들고 더러운 생각이 더러운 사람을 만든다. 할 수 있다고 생각하는 사람이 할 수 있는 인생을 만들고 할 수 없다는 생각이 아무것도 할 수 없는 인생을 만든다.

사탄은 우리에게 어린아이 같은 생각을 하도록 만든다. 그래서 바울은 어린아이처럼 생각하지 말라고 권면한다. 어른이 되어서도 어린아이처럼 생각하는 성도를 보면 답답하다. 물론 그에게 맞춰준다. 그러나 그것이 얼마나 피곤하고 지치게 하는지 아는가? 다른 사람을 힘들게 하지 않으려면 생각이 자라도록 해야 한다. 성숙한 생각이 행복을 만들 수 있다.

하나님의 사람은 모든 생각을 예수 그리스도께 복종시켜야 한다(고후 10:5). 자기 생각에 충실한 사람은 다른 사람을 괴롭게 한다. 자기 생각을 포기하고 그리스도께서 기뻐하시는 생각으로 채우면 감동이 일어난다. 그러기에 하나님의 사람은 자신의 생각을 끊임없이 그리스도께 굴복시켜야 한다. 자기 분수를 넘어 교만해지려는 생각을 그리스도께 굴복시켜야 한다.

하나님의 사람은 마땅히 육신의 생각을 버리고 영의 생각을 해야 한다(롬 8:6-7). 육신의 생각은 사망으로 이끈다. 하나님과 원수가 되게 한다. 어떤 생각을 하느냐에 따라 하나님을 기쁘게 할 수도, 하나님과 원수가 될 수도 있다. 사탄은 육신의 욕망을 충동질하고 육적인 생각을 하고 살도록 종용한다. 그러므로 사탄에게 생각의 문을 열어주지 말고 단호하게 대적해야 한다. 대신 성령님께 생각의 문을 활짝 열어드려야 한다.

다르게 생각하는 훈련을 하라

어느 드라마에서 아내가 남편에게 말했다.
"우리는 너무 다른 게 많아. 헤어지는 게 좋겠어."
세상에 모든 것이 다 똑같아서 행복하게 사는 사람이 어디 있는가? 어느 부부나 서로 다르다. 또 달라야 한다. 그런데 서로 다른 부부도 행복하게 사는 것은 서로 맞추면서 살기 때문이다. 달라서 불행한 것이 아니다. 다른 것을 맞추는 노력을 하지 않고 기술을 훈련하지 않기 때문에 불행하게 사는 것이다.

다르게 생각하는 사람들은 차이 때문에 다투지 않는다. 서로 다른 것을 이해하고 양보하며 용납하려고 한다. 자신을 상대방에게 맞추려고 노력하기 때문에 다른 것을 불편하게 느끼지 않는다.

하나님은 인간과 생각하는 차원과 수준이 다르시다. "이는 내 생각이 너희의 생각과 다르며 내 길은 너희의 길과 다름이니라. 여호와의 말씀이니라. 이는 하늘이 땅보다 높음 같이 내 길은 너희의 길보다 높으며 내 생각은 너희의 생각보다 높음이니라"(사 55:8-9). 인간과는 비교할 수 없을 정도의 차원에서 생각하신다. 그렇다면 하나님의 영을 모신 하나님의 사람 역시 매사를 다른 차원에서 생각하는 훈련을 해야 하지 않겠는가!

하나님의 사람은 세상 사람과 똑같은 차원에서 생각하고 말해서는 안 된다. 믿음이 긍정을 낳는다. 믿음으로 생각하기에 매사를 적극적으로 생각하는 것이다. 가령 목회자의 단점을 보더라도 그 속에서 일하시는 하나님을 바라보기 때문에 달리 생각한다. 다른 지체들이 가진 허물을 발견하더라도 그를 향한 하나님의 마음을 알기 때문에 달리 생각한다. 이런 그리스도인을 보면서 믿지 않는 가족과 이웃들이 감동하지 않겠는가!

사역을 하다 보면 일이 잘 안 되고 실패할 때도 있다. 그러나 하나님은 실패의 과정에도 함께하신다. 그래서 사역자는 결코 절망적인 생각을 하지 않는다. 실망스러운 말을 하지 않는다. 최악의 상황에서도 낙담하지 않는다. 하나님이 일하시는 것을 믿기 때문이다.

힐튼 호텔 창립자인 콘라드 힐튼은 이런 말을 했다. "크게 생각하고, 크게 행동하며, 크게 꿈꾸어라. 5달러짜리 보통 철 조각이 어떤 형태로 바뀔 수 있는지 생각해본 적이 있는가? 편자로 바뀌면 그 철은 10달러 50센트가 된다. 못으로 바뀌면 3,250달러 85센트가 되며, 시계의 부속품이 되면 자그마치 25만 달러로 가치가 뛰어오른다. 이는 바로 당신에게도 적용되는 것이다!"

하나님의 사람은 아무리 힘들어도 "나는 할 수 없다"는 생각을 하지 말아야 한다. 오히려 "능력 주시는 자 안에서 나는 얼마든지 할 수 있다"는 생각을 해야 한다. 작은 생각을 하지 말고 큰 생각을 해야 한다. 약한 생각을 버리고 강한 생각을 해야 한다. 절망적인 생각을 버리고 긍정적이고 희망적인 생각으로 바꾸어야 한다. 소극적인 생각을 버리고 적극적으로 생각하는 습관을 길러야 한다.

하나님의 사람은 닫힌 생각을 버리고 열린 생각을 하며 살아야 한다. 폐쇄적인 생각 속에는 가능성의 꽃이 피지 않는다. 희망은 열린 사고를 하는 사람에게 꽃필 수 있다. 무한한 가능성을 가진 하나님 앞에서 답답하고 고리타분한 생각을 하지 말자. 인간의 한계로 왜 하나님의 무한한 가능성을 가두려 하는가?

 한 교회에 김장철이 다가왔다. 어느 교회나 그렇듯 김장을 둘러싸고 의견이 분번했다. 그러니 거기서 이런저런 감정 대립도 된다. 국산품 고춧가루를 쓸 건가? 중국산을 쓸 건가? 절인 배추를 살 건가? 배추를 사서 절일 건가? 서로 생각이 달랐다. 두 패로 갈렸다. 거기에는 장로 부인 권사들도 끼어 있었다. 서로 얼굴을 붉히면서 다투는 싸움이 결국 당회에 의결이 올라왔다. 당회에서도 부인들의 생각을 따라 갈라지게 되었다. 그리고 그 해 김장을 담지도 못했다. 팽팽하던 감정의 골은 다음 해 부활절이 되었는데도 멈추지 않았다. 인간의 감정을 예수님의 부활도 감당하지 못한 것인가? 기가 막힌 모습이 아닌가?

 어느 교회에서 행사가 끝난 후 저녁식사를 하게 되었다. "설렁탕을 먹자!" "갈비탕을 먹자!" 이 문제를 갖고 감정 다툼이 되어 교회가 큰 시련을 겪었다. 설렁탕이면 어떻고 갈비탕이면 어떤가? 이것이 하나 됨을 깨뜨려야 할 만큼 중대한 사안인가? 나는 설렁탕도 맛있고 갈비탕도 맛있다. 이런 것 때문에 싸우는 교회에 무슨 행복이 자리 잡을 수 있겠는가?

 어느 교회에서 연말에 찬양대 가운을 교체하게 되었다. 일부에서는 "빨간색으로 하자"고 했다. 그런데 일부에서는 "파란색으로 하자"고 했다. 서로 자기 생각을 고집했다. 나중에는 감정 다툼으로 번져 교회가 분열되는 지경에 이르게 되었다. 주님에게는 빨간색 가운을 입은 찬양대원도 예쁘고 파란색 가운을 입은 찬양대원도 예쁘다. 다툼은 우리가 가진 생각의 차이일 뿐이다. 아니, 엄밀히 말하면 말도 안 되는 우리의 고집 때문에 교회는 어려움을 당한다. 인간이 가진 닫힌 사고 때문에 하나님을 쩨쩨한 분으로 전락시키지 말아야 한다.

생각의 공간을 넓혀서 좀 더 여유를 갖고 생각해야 한다. 조금 더 낭만적으로 생각하자. 세상을 즐기고 우리에게 다가오는 모든 환경을 여유 있게 받아들일 수 있어야 한다.

행복을 만드는 사람은 사소한 것을 크게 생각하지 않는다. 사람은 별일 아닌 것을 지나치게 크게 생각하는 경향이 있다. 교회 안에서 일어나는 갈등을 보면 '저걸로 싸워?' 하는 생각이 들 때가 잦다. 야유회 가는 날짜를 두고 서로 토라진다. 언제 가면 어떤가? 설령 계획한 날에 비가 왔다고 하자. 비가 와서 좀 불편하면 어떤가? 날짜를 조정한 사람을 탓할 것도 없다. 이런 일 때문에 얼굴 붉히는 우리의 모습이 사실 창피할 뿐이다.

사람들은 저마다 1인자를 꿈꾼다. 2인자가 되길 원하지 않는다. 그러나 인류 역사에는 2인자의 영광을 아는 사람이 더 많이 필요했다. 사람들은 대중에게 존경받는 스타를 부러워한다. 그러나 인류 역사의 진보를 가져오는 데 이바지한 사람은 별로 유명하지 않은 평범한 사람이 더 많았다. 그리스도인들 가운데 세계를 움직일 유명한 인물이 많이 배출되었으면 좋겠다. 그러나 남들이 부러워하지 않는 자리와 신분의 고결함을 귀하게 볼 줄 아는 것이야말로 더 귀한 일이다. 바울을 위대한 하나님의 사람으로 만든 사람은 바로 2인자의 영광을 알았던 바나바였다. 생각이 바뀌면 인생이 바뀐다. 세상 사람과 똑같은 생각을 하지 말고 색다르게 생각하는 훈련을 하자.

생각의 틀을 바꾸라

사람은 저마다 자신이 가진 틀 속에서 생각한다. 그래서 자기가 경험한 세계만 살 수 있다. 생각도 경험한 만큼 할 수 있다. 전통이라고 하는 것이 무엇인가? 자기 교회가 가진 틀이다. 전통이 모두 옳은 것도 틀린 것도 아니다. 지킬 수도 있지만 깨뜨릴 수도 있다. 그런데 어떤 사람은 "내가 죽기 전에는 절대로 안 돼!"라고 단호하게 말한다. 정말 무서운 사람이다. 이런 사람들은 공동체의 변화를 가로막는다. 젊은이는 변화를 싫어하는 공동체에 남으려고 하지 않는다. 그들은 변화를 추구하는 교회로 미련 없이 떠난다.

나는 초등학교 5학년인 딸에게서 아주 중요한 인생 교훈을 얻은 적이 있다. 어느 날 아내와 셋이서 점심을 먹고 있었다. 우리는 짜파게티를 끓여서 먹었다. 그릇에서 조금 멀리 떨어져 앉은 딸이 면을 자꾸 흘렸다. 그 광경을 보던 나는 딸에게 말했다.

"세린아, 왜 자꾸 흘리고 그러니. 흘리지 말고 먹어야지."

그러나 딸은 나에게 웃으면서 말했다.

"흘릴 수도 있지 뭐."

그 순간 나는 해머로 내 머리를 치는 느낌을 받았다. 다시 한 번 생각해보았다. 정말 그럴 수도 있었다. 초등학교 5학년밖에 안 된 아이가 라면을 먹으면서 흘리는 것이 뭐 그리 대수로운 일인가? 더구나 냄비에서 멀리 떨어진 자리에 앉았는데.

"그럴 수도 있지 뭐!" 나는 아이에게서 아주 귀중한 인생철학을 배웠다. 이것을 적용해보니 매사가 편했다. 이해할 수 없는 사람도 이해가 되었다. 받아들이기 어려운 상황도 받아들이게 되었다.

어떤 사람은 눈을 부라리며 말한다. "그럴 수 있어?" 이 사람에게는 모든 게 이해하기 힘들고 용납하기 어렵다. 이런 사람은 흔히 다른 사람을 비난하고 정죄한다. 이런 사람 때문에 공동체는 상처투성이가 된다. 도무지 이해하고 용납하려 들지 않는다.

그런데 어떤 사람은 말한다. "그럴 수도 있지!" 이 사람에게는 모든 게 용납된다. 받아들이지 못할 사람이 없으며 수용하지 못할 상황이 없다. 한 자 차이지만 그들이 살아가는 삶의 태도는 너무나 다르다. 전자는 사람들을 잃게 될 것이고 후자에게는 사람들이 가까이 다가올 것이다. 생각의 틀을 조금만 조정해보라. 세상이 달라진다.

강원도에서 목회하시는 한 목사님이 있었다. 하루는 그 교회 집사님이 목사님을 찾아와서 말했다.

"목사님, 제가 전 교인에게 삼겹살을 대접하고 싶은데 괜찮을까요?"

그날 저녁, 전 교우가 삼겹살을 배부르게 먹었다.

다음날 새벽기도회 시간이었다. 강단에 쪽지 하나가 올라왔다. 그 쪽지에는 어제 삼겹살을 대접한 그 집사님 집에 불이 났다는 것이었다. 목사님은 급히 그 성도 집으로 달려갔다. 그때 그 집사님이 하는 말이 참 재미있었다.

"목사님, 어제 삼겹살 안 먹었으면 큰일 날 뻔했습니다."

어차피 난 불이다. 불평하고 원망한다고 이미 난 불이 사라지지는 않는다. 마음만 불편할 뿐이다. 신앙에 회의만 들 뿐이다. 생각을 달리하니 불평과 원망이 도망가지 않는가? 불평과 원망이 내면에 뿌리

내리지 못하게 하려면 생각의 틀을 바꾸어보라.

주후 4세기 때 교회 지도자였던 성 어거스틴에 관한 일화이다.

하루는 그가 꿈을 꾸었다. 꿈속에서 그는 죽어서 천국의 문 앞에 도착해 있었다. 천국의 문지기가 어거스틴에게 물었다.

"당신은 누구요?"

어거스틴이 대답했다.

"나는 진실한 크리스천입니다."

그러자 문지기는 단호하게 말했다.

"당신은 크리스천이 아닙니다. 왜냐하면 당신의 머리와 생각에는 예수 그리스도의 말씀과 교훈이 아니라 철학자 키케로의 사상과 생각으로 가득 차 있기 때문입니다. 우리는 그 사람의 머릿속에 들어 있는 것과 생각으로 그가 누구인지를 판단합니다."

어거스틴은 소스라치게 놀랐다. 꿈에서 깬 그는 굳게 결심했다.

"나는 크리스천이다. 그런고로 나는 크리스천답게 하나님의 말씀에 전념하리라."

크리스천답게 생각하자. 내 머릿속에 무엇이 들어 있는가? 세상 지식으로 가득 차 있다면 그것을 쓰레기 버리듯 버려야 한다. 왜냐하면 그것에 의해 내가 움직이기 때문이다. 하나님의 말씀으로 내 삶을 재조정해야 한다. 내가 가진 틀을 깨고 하나님 말씀의 틀을 받아들여야 한다. 내가 가진 성향이 하나님 말씀보다 앞서서는 안 된다.

서울대학교 최인철 교수가 쓴 「프레임」이라는 책이 있다. 사람들은 각자 자기 프레임을 갖고 사는데 자신이 가진 프레임으로 매사를 판단한다는 것이다.

A-B-C 프레임을 가진 사람은 가운데 있는 글씨를 죽어도 B라고 한다. 그런데 12-13-14 프레임을 가진 사람은 가운데 있는 글씨를 13이라고 한다. 각자 자기가 옳다고 우겨댄다. 자기 생각의 옳음을 증명하기 위해 온갖 근거를 다 둘러댄다. 성경적인 근거까지. 심지어 "내 눈에 흙이 들어가도 내 생각은 변하지 않는다"라고 말한다. 그런데 나는 이런 사람을 보면 "빨리 눈에 흙이 들어가야 한다"고 말한다. 사실 알고 보면 자기 틀이고 고정관념일 수 있기 때문이다. 많은 사람은 생각의 틀만 바꾸고, 프레임에 융통성만 둔다면 별 것 아닌 것을 갖고 죽자 살자 싸우고 있다. 베드로도 자신의 생각의 틀 때문에 하나님을 이기려 들지 않았던가? 이것이 우리의 모습이다.

전통을 존중해도 좋다. 그러나 불필요한 전통이라면 아까워할 것이 없다. 깨뜨리고 나면 더 좋은 전통이 만들어질 것이다. 경직된 생각이 공동체의 변화를 막는다. 내가 가진 고정관념에 의해 다른 사람의 좋은 의견이 무시된다. 강단에 여자가 올라가면 안 된다는 고정관념에서 탈피하면 더 풍성한 영적 공급이 허락될 수 있다. 인간적인 잣대로 하나님의 은혜의 문을 닫지 말라.

C·H·A·P·T·E·R·6
행복한 교회는 섬김으로 감동을 준다

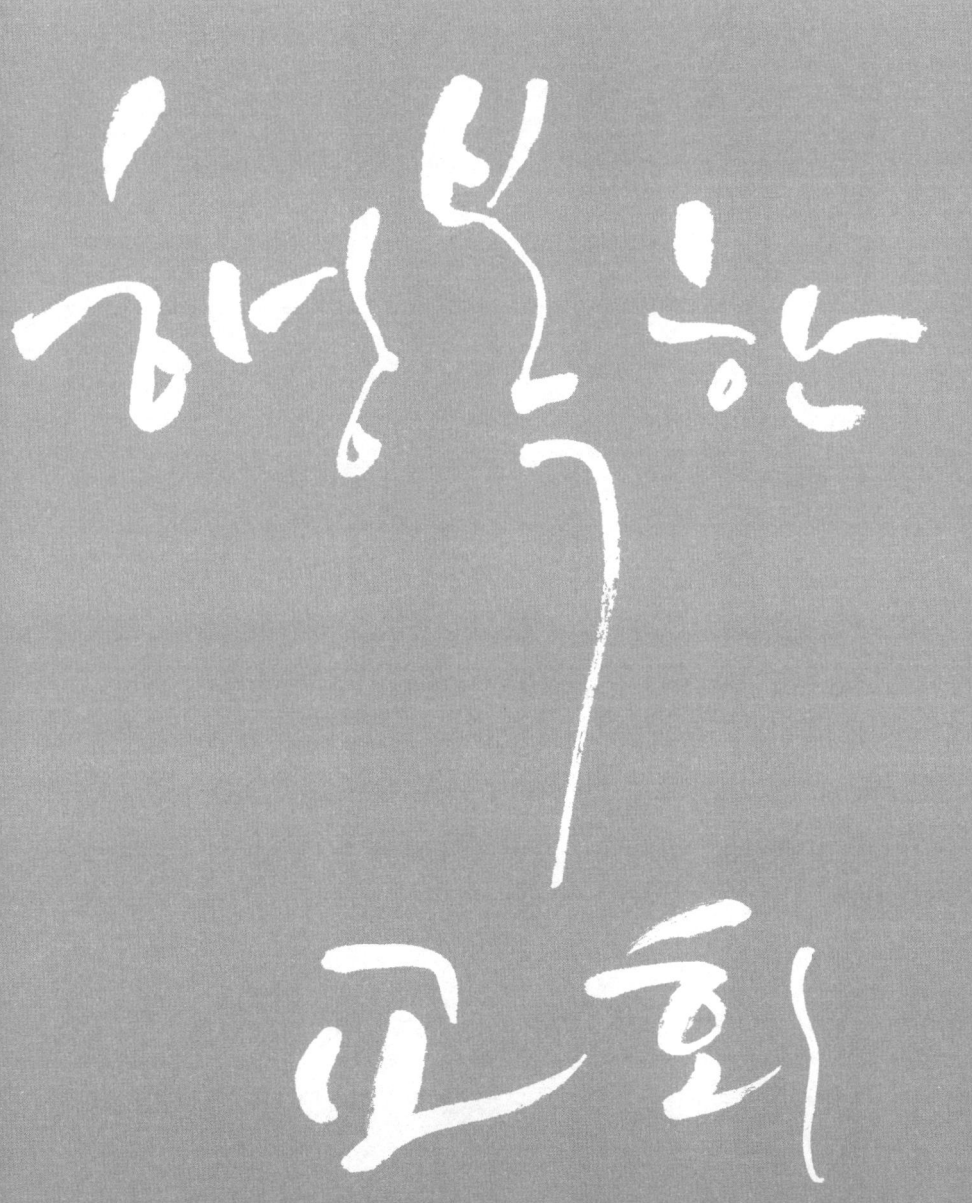

사람들은 앉아서 섬김을 받는 사람이 높은 사람이라고 말한다.
그러나 예수님은 섬기는 사람이 높은 자라고 말씀하신다.
하나님은 섬기는 자를 크게 사용하시고 더 큰 은혜를 베푸신다.

사상가이자 작가인 볼테르는 "외모의 아름다움은 눈을 즐겁게 하지만 상냥한 태도는 영혼을 매료시킨다"고 말했다. 외모의 아름다움은 즐거움을 줄 수는 있지만 감동을 주지는 못한다. 그러나 매력적인 태도는 감동을 불러일으킨다.
제2차 세계 대전 당시, 영국군 1개 소대가 벌판 한가운데서 적에게 포위되었다. 병사들은 무더위와 갈증에 허덕였다. 그러나 이들에게 남아 있는 물이라곤 소대장 허리춤에 있는 수통 1개가 전부였다.
소대장은 비장한 마음으로 수통을 열어 병사들에게 건네주었다. 병사들은 수통을 돌려가며 물을 마셨다. 그런데 수통이 다시 소대장에게 돌아왔을 때 소대장은 깜짝 놀랐다. 물이 반 이상 남아 있었기 때문이다. 다음에 마실 전우를 생각하느라 병사들은 물로 겨우 입을 축

6. 행복한 교회는 섬김으로 감동을 준다 | 131

였을 뿐이었다.

여전히 찰랑거리는 수통은 병사들에게 새 힘을 주었다. 소망을 주었다. 서로를 위하는 전우가 옆에 있음을 깨달았기 때문에 그들은 지원군이 올 때까지 어려움을 이기고 살아남을 수 있었다. 절박한 상황이지만 우리가 취하는 태도에 따라 상황은 얼마든지 달라진다. 감동적인 태도야말로 사람들의 마음을 움직인다.

그래서 찰스 스윈돌 목사는 우리에게 책임 있는 태도를 촉구한다. "나의 삶에서 무슨 일이 닥치느냐 하는 것은 10퍼센트일 뿐이고, 나머지 30퍼센트는 내가 거기에 어떻게 대응하느냐 하는 것임을 나는 확신한다. 우리가 어떠한 태도를 보이느냐 하는 것은 전적으로 우리 자신의 책임이다."

행복한 교회는 그저 이루어지는 것이 아니다. 성도 한 사람 한 사람의 책임 있는 태도에 의해 만들어진다. 하나님의 말씀에 근거한 성숙한 태도야말로 감동의 물결을 불러일으키고 공동체 구성원으로 하여금 행복을 경험하게 한다.

나보다 남을 먼저 배려하라

요즘에는 예의 바른 사람을 찾아보기 어렵다. 그러나 예의 바른 태도야말로 그 사람이 가진 최고의 재산목록이다. 「허영의 시장」이란 책을 쓴 새커리는 이렇게 말했다. "사회에서 요구하는 것은 가식이나 덕행이 아니라 예의범절이다." 예의 바른 사람은 자신이 지닌 능력보다 더 강한 영향력을 발휘할 수 있다. 그런 사람에게는 항상 좋은 사람들이 따라다닌다. 그래서 예의 바른 사람에게는 성공의 문이 열려 있다.

늦은 밤, 어떤 사람들이 시장통 좁은 길 중앙에 큰 돌을 놓아두고 갔다. 밤이 지나고 날이 밝았다. 사람들이 시장통에 모여들기 시작했다. 거기를 지나가는 사람마다 중앙에 놓인 큰 돌을 보면서 욕지거리를 해댔다.

"누가 이런 짓을! 에이, 천하에 몹쓸…."

그때였다. 한 농부가 손수레를 끌고 가고 있었다. 그는 다른 사람들이 불편해할 것을 생각했는지 어렵사리 그 돌을 옮겨 길가로 치웠다. 그런데 이게 웬일인가? 그 돌 밑에 금 100냥과 왕의 친서가 놓여 있었다.

"이 금은 돌을 치우는 자의 것이다."

사람들은 돌이 있는 것에 불평하고 짜증을 부린다. 그러나 다른 사람의 편의를 위해 그 돌을 치우려는 수고는 하지 않는다. 세상을 아름답게 가꿀 수 있는 사람은 다른 사람을 배려해서 자신의 불편함을 감수하는 자이다.

자신만 생각하는 사람보다 남을 생각하는 배려 깊은 사람이 세상을 행복하게 만든다. 서로 돌아볼 줄 알고 상대방을 먼저 생각하는 사람이 있을 때 공동체는 행복해진다. 자기 생각이 있을지라도, 자기주장이 옳다고 생각될지라도, 다른 사람을 배려할 줄 아는 사람이 아름다운 공동체를 만든다.

식당에서 식사할 때 다른 사람을 위해 불편한 자리에 앉을 줄 아는 배려심, 다른 사람을 위해 수저를 가지런히 놓아줄 수 있는 매너, 땀을 흘리는 지체를 위해 휴지를 건네줄 수 있는 마음이야말로 얼마나 아름다운가? 자신만 생각하는 이기주의자보다 남을 먼저 생각하는 이타주의자가 훨씬 더 아름답다.

사실 배려는 다른 사람의 마음을 열게 하는 황금열쇠다. 사업에서나 관계에서 다른 사람의 마음을 움직이는 것은 매우 중요하다. 다른 사람의 마음을 움직이는 것이 무엇인가? 바로 배려하는 마음이다. 아무리 우수한 상품과 서비스일지라도 그것을 팔기만 하는 기업이나 비즈니스맨에게는 미래가 없다. 고객을 배려할 줄 아는 마음이 필요하다. 빈틈없는 애프터서비스, 불만에 대한 정중한 대응 없이는 살아남을 수 없다.

아무리 아름다운 교회일지라도 서로 배려하는 마음이 없는 교회에 머물고 싶은 사람은 없을 것이다. 주차장에서, 혹은 식당에서 다른 사람에게 행하는 작은 배려야말로 교회를 아름답게 단장하는 지름길이다.

몇 년 전, 미국 각 분야에서 최고의 위치에 오른 사람들을 대상으로 물었다. "당신이 최고의 위치에 오를 수 있었던 가장 큰 원동력은 무엇인가?" 그랬더니 80퍼센트 이상이 배경, 재산, 능력보다 친절과 배려를 으뜸으로 꼽았다.

친절과 배려는 사람 사이에 막힌 마음의 장벽을 허무는 강력한 힘을 갖고 있다. 친절과 배려 속에서 자란 아이들은 존중심을 배우게 된다. 배려는 인간관계의 마술사이다. 배려는 기쁨을 두 배로 만든다. 배려는 강한 인상을 남긴다. 진정으로 상대방을 배려한다면 베푼 마음보다 더 큰 사랑이 자신에게 되돌아오는 경험을 하게 된다.

간디는 1918년 인도 국민회의의 지도자 역할을 맡았다. 그 후부터 그는 자유를 얻기 위한 투쟁에서 선봉에 섰다. 결국 간디는 비폭력주의로 인도뿐만 아니라 나라 안팎에 큰 영향을 주었다.

간디는 정치생활 대부분을 적들로부터 끊임없는 암살 위협을 받으면서 살았다. 한번은 간디가 수많은 군중 앞에서 연설하게 되었다. 몰려든 군중 속에는 그를 암살하려는 사람도 끼어 있었다. 그 암살자는 연설 중간에 적당한 틈을 노려서 간디를 저격할 작정이었다.

그런데 암살자는 간디의 비폭력과 평등과 자유를 위한 투쟁에 관한 연설을 듣고 마음이 바뀌었다. 연설이 끝나자, 이 남자는 앞으로 달려나갔다. 그는 총을 쏘는 대신 자신의 음모를 고백하고 간디에게 용서를 구했다. 그러자 간디는 이 남자의 얼굴을 자세히 들여다보면서 이렇게 물었다.

"그런데 임무를 완수하지 못했으니, 이제 자네는 어떻게 되지? 큰 처벌을 받게 되는 건 아닌가?"

자신의 안위가 아니라 암살자가 겪을 고초를 걱정하는 간디의 마음이야말로 전 세계인의 존경을 받을 만하다.

행복한 교회를 만들려면 교회의 지도자들이 성도들을 배려하는 미덕을 살려야 한다. 고개를 뻣뻣이 세우고 권위를 주장하는 지도자가 아니라 성도를 돌아보면서 그들의 필요를 먼저 생각하는 지도자 말이다. 성도가 인사하지 않는다고 불평하기 전에 성도에게 고개 숙여 먼저 인사하는 지도자가 되어야 한다. 성도가 알아주지 않고 존중해 주지 않는다고 탓하는 지도자가 아니라 성도를 배려하는 미덕으로 자연스럽게 존경받는 지도자가 되어야 한다.

「마음을 열어주는 101가지 이야기」의 저자 댄 클라크는 어렸을 때 아버지와 함께 서커스를 보러 갔다. 사람들은 이미 다 입장한 상태였다. 거기에 남아 있는 사람은 그와 그의 아버지, 그리고 8명의 아이를 가진 대가족뿐이었다. 이들은 표를 사려고 줄을 기다리고 있었다. 그 대가족은 앞으로 보게 될 서커스에 대한 기대감으로 서로 흐뭇해하고 있었다. 그런데 그 대가족은 푯값을 듣자마자 고개를 떨구었다.

이때 그 상황을 지켜보던 댄 클라크의 아버지가 얼른 주머니에서 20달러를 떨어뜨리며 이렇게 말했다.

"이보시오, 선생. 방금 당신의 호주머니에서 이것이 떨어졌소."

그 당황스럽고 절망적인 대가족의 남자에게 그의 아버지가 준 도움의 손길은 실로 큰 의미가 있는 것이었다. 그 남자는 아버지를 보더니 떨리는 목소리로 말했다.

"고맙소, 선생. 이것은 나와 내 가족에게 정말로 큰 선물이 될 것이오."

이내 남자의 눈에서는 눈물이 글썽거렸다. 그들은 곧 표를 사서 서커스장 안으로 들어갔다. 하지만 댄 클라크와 그의 아버지는 차를 타고 집으로 돌아와야 했다. 그들도 그다지 넉넉한 형편은 아니었기 때문이다. 그는 그 당시 서커스 구경을 못했지만 마음만은 행복했다고 기억한다.

섬김으로 공동체에 윤활유를 뿌리라

언젠가 테레사 수녀가 미국을 순회 중일 때 일어난 일이다. 테레사 수녀는 자살을 생각한다는 한 자매와 상담하게 되었다. 그 자매가 물었다.
"수녀님은 그런 생각을 해보신 적이 없나요?"
그러자 테레사 수녀가 대답했다.
"저에겐 그렇게 사치스럽고 한가한 생각을 할 여유가 없습니다. 자매가 정 그런 미혹에서 벗어날 수 없다면 인도에 와서 저를 한 달만 도와주십시오."

어떤 사람은 자신이 가진 상처 때문에 섬길 수 없다고 말한다. 또 다른 사람은 삶이 너무 힘들어서 다른 사람을 섬길 마음의 여유가 없다고 말한다. 그러나 그런 사람들은 뭔가 잘못된 생각을 하는 것이다.

누군가를 섬기다 보면 상처를 잊게 된다. 상처를 깊이 묵상하는 사람은 그 상처로부터 절대 자유로워질 수 없다. 오히려 상처를 생각할 여유가 없을 정도로 열심히 섬기다 보면 자신도 모르는 사이에 상처로부터 자유로워질 수 있다.

실패를 깊이 묵상하는 사람은 실패의 늪으로부터 빠져나올 수 없다. 스스로 실패의 족쇄에 매이게 되기 때문이다. 실패의 현장과 아픔에서 빠져나와 차라리 다른 사람을 섬기는 데 주력하다 보면 나도 모르는 사이에 실패를 딛고 새로운 자아를 만들어가게 될 것이다.

어느 교회 남자 집사님이 눈물을 흘리면서 기도하고 있었다. 평소에 함께 기도하던 동료 집사님이 이상한 생각이 들었다. '가정에 무슨 특별한 일이 일어난 것이 분명하다'는 생각이 들었다. 그래서 기도실 밖에서 그 집사님이 나오기를 기다렸다.

그는 기도를 끝내고 나오는 집사님 곁으로 다가가서 물었다.

"집사님, 혹시 무슨 안 좋은 일이라도 있어?"

그러자 그 집사님이 한숨을 내쉬면서 힘없이 말했다.

"요즘 아내와 좀 심하게 다투었어. 그래서 서로 합의하여, 한 달 동안 절대 대화하지 않기로 했거든…. 그런데 그 평화롭고 행복한 한 달이 오늘로 끝나니 그저 앞날이…."

불행한 부부이다. 이들 부부는 서로 배우자를 바꿔서 행복해지려고 노력했다. 그런데 '배우자 개조 작전'에 성공했다는 사람은 별로 없다. 배우자는 바꾸어야 할 존재가 아니라 섬겨야 할 대상이다. 섬기다 보면 상대방이 바뀌는 경험을 하게 된다.

교회 안에도 다른 사람을 대할 때 개조의 대상으로 보는 사람이 있다. 이런 성도는 공동체를 힘들고 아프게 한다. 상대방을 바꾸기 위해 이런저런 노력을 시도한다. 그러다 보니 자꾸 지적하고 책망한다. 그래도 변하지 않으면 정죄하고 비난한다. 감동 있는 행복한 공동체를 만들려면 사람을 섬김의 대상으로 보아야 한다. 모든 사람을 개조의 대상으로 보지 말고 섬김의 대상으로 보면 훨씬 더 행복한 공동체 생활을 할 수 있다.

예수님 당시에는 여행객이나 손님이 집에 들어오면 종이 그들의 발을 씻어주었다. 종이 주인을 섬기는 것은 당연한 일이다. 이것은 칭찬받을 일도 아니고 자랑할 일도 아니다. 마땅히 해야 할 본분일 뿐이다. 그러나 진정한 섬김은 주인이 종을 섬기는 것이다. 이것은 일반적인 세태를 거스르는 일이다. 이런 섬김이 감동을 낳는다.

어느 여름날, 가뭄으로 연못의 물이 말라버렸다. 그 속에 사는 뱀들은 다른 연못으로 옮겨갈 수밖에 없었다. 이때 연못에 사는 작은 뱀이 나서서 큰 뱀에게 제안했다.

"당신이 앞장서고 내가 뒤따라가면 사람들이 우리를 보고 보통 뱀인 줄 알고 죽일지도 모릅니다. 그러니 저를 당신의 등에 태우고 가십시오. 그러면 사람들은 조그만 내가 당신처럼 큰 뱀이 떠받드는 것을 보고 나를 아주 신성한 뱀, 즉 신군(神君)으로 생각하고 두려워서 아무런 해도 안 끼치고 오히려 떠받들 것입니다."

큰 뱀은 이 제안을 흔쾌히 받아들였다. 그래서 뱀들은 당당히 사람이 많은 길로 이동했다. 사람들은 큰 뱀이 작은 뱀을 떠받드는 것을 보고 신기하게 생각해서 뱀들을 건드리지 않았다. 결국 뱀들은 목적지까지 아무런 장애도 없이 갈 수 있었다.

목사가 성도를 섬기는 공동체, 중직자가 성도를 섬기는 공동체야말로 감동을 낳는다. 감동 있는 행복한 교회는 어른이 아이를, 직분자가 평신도를 기꺼이 섬기는 교회이다.

사람들은 앉아서 섬김을 받는 사람이 높은 사람이라고 말한다. 그러나 예수님은 섬기는 사람이 높은 자라고 말씀하신다. 천국에서는 섬기는 자가 큰 사람이고 높은 사람이다. 섬기는 자는 행복하고 하나님의 축복을 받는다. 하나님은 그를 크게 사용하시고 그에게 더 큰 은혜를 베푸신다. 자신을 낮추어 겸손하게 다른 사람을 높이면 반드시 하나님이 높여주신다.

높은 자로서 낮은 자를 섬기는 것은 사람들에게 어리석고 바보 같은 일로 간주한다. 그러나 하늘의 면류관이 예비되어 있다. "그때에 의인들은 자기 아버지 나라에서 해와 같이 빛나리라. 귀 있는 자는 들으라"(마 13:43).

예수님이야말로 바로 그런 역할모델이시다. 예수님은 병자와 죄인들을 섬기러 오셨다. 온 정성을 다해 전적으로 섬기셨다. 그렇다면 하나님과 교회, 가족과 성도와 이웃을 섬기는 일은 최고의 축복이지 않은가!

제2차 세계 대전이 일어났을 때 미국의 많은 젊은이에게 영장이 발부되었다. 워싱턴 기차역에는 수백 명의 장병이 몰려들었다. 매일 그들을 군대로 보내는 가족들의 눈물겨운 작별을 보아야만 했다.

시민 가운데 다리를 절면서 뜨거운 코코아 잔을 쟁반에 들고 늦은 밤까지 봉사하는 한 사람이 있었다. 어떤 때는 직접 코코아를 끓이기도 했다. 그는 코코아를 따라주면서 이렇게 말했다.

"잘 다녀오세요. 그대들의 승리를 위해 하나님께 매일 기도하겠습니다."

그때 한 젊은이가 말했다.

"혹시, 대통령 아니십니까?"

코코아를 따라 주던 노인은 바로 미국 제32대 대통령 루스벨트였다. 그는 육체의 불편을 무릅쓰고 밤마다 기차역에 나와서 훈련소로 떠나는 청년들에게 따뜻한 코코아를 나르며 봉사했던 것이다.

하나님께서 섬길 기회를 주실 때 주저하지 말고 섬겨야 한다. 왜냐하면 섬김은 때를 기다려주지 않기 때문이다. '지금은 여유가 없다'는 핑계로 섬길 기회를 미루지 말아야 한다. 우리가 섬길 수 있는 시간이 우리에게 늘 있는 것은 아니기 때문이다. 어려운 상황에서 섬겨라. 힘들 때 오히려 더 섬김에 집중하라.

어느 날 미국 매사추세츠에서 무디 목사의 노츠휠드 성경 수양회가 열렸다. 그때 영국에서 온 귀족 손님들이 수양회에 참여하게 되었다. 당시만 해도 영국에는 손님이 오면 복도에서 일하는 종(Hall servant)이 밤새 손님의 구두를 닦아 놓는 풍습이 있었다. 무디 목사의 참모들 가운데 이 사실을 알고 있는 사람이 있었다. 어떻게 할 것인가를 놓고 토론이 벌어졌다. 결론은 이랬다. "여기는 미국이니까 그만두자."

그런데 한 사람이 이 소식을 무디 목사에게 전해주면서 그의 생각을 물었다. 그러자 무디 목사는 빙그레 웃으면서 말했다.

"글쎄, 주님께 물어볼까?"

그는 머리 숙여 한동안 기도했다. 그리곤 잠이 들었다.

그 이튿날 아침이었다. 열 명에 가까운 영국 손님들이 잠자리에서 일어나 복도로 나왔을 때 그들의 구두는 모두 깨끗하게 닦여 있었다. 섬기는 자는 말로 거창하게 떠벌리지 않는다. 오히려 행동으로 섬김을 말한다.

용서로 아름다운 복수를 기획하라

한 남자가 입대하여 전방으로 갔다. 그런데 몇 달이 지난 어느 날, 여자친구로부터 한 통의 편지를 받았다.

"우리 이제 헤어지자. 그러니 내 사진을 돌려보내 줘."

편지를 받아 든 청년은 무척 화가 났다. 하지만 군에 있는 몸으로 어떻게 할 수가 없었다. 그래서 부대 동료들의 여자친구 사진을 죄다 모았다. 그리고 다음과 같은 편지와 함께 보냈다.

"어떤 게 네 사진인지 기억이 안 나네. 네 것만 빼고 다른 사진은 빨리 돌려보내라!"

그 군인은 기발한 아이디어로 자신의 자존심을 지키면서 자신에게 상처준 여자친구에게 보기 좋게 복수했다.

누구나 인간관계 속에서 불만을 경험한다. 때로는 견디기 어려울 정도로 억울하고 분한 때가 있다. 견디기 어려울 정도로 복수하고 싶을 때가 있다. 그러나 아무리 지혜롭게 복수한다고 할지라도 승자가 될 수 없다. 복수는 평안과 자유를 빼앗아간다. 진정한 복수는 오히려 예수님의 말씀처럼 그 사람을 위해 기도하고 축복하며 사랑을 베푸는 것이다.

어느 늦은 밤, 한 청년이 편의점으로 들어왔다. 그런데 그 청년은 물건을 살 생각은 하지 않고 오랫동안 진열된 빵들만 이리저리 뒤적였다. 화가 난 주인은 참다못해 청년에게 물었다.

"손님, 어떤 빵을 찾고 계십니까?"

"유통기한을 봤어요. 혹시 유통기한이 지난 빵을 진열하지 않았나 해서…."

"몇 개는 유통기한이 오늘까지지만 안심하고 드셔도 됩니다."

말도 안 되는 이유를 말하는 청년은 언뜻 보기에도 지저분해 보였다. 오랫동안 씻지 않았는지 몸에서 이상한 냄새가 났다. 하지만 주인은 그런 청년을 내쫓지 않았다.

　시계가 열두 시를 막 넘어서는 순간이었다. 청년은 빵 하나를 들고 갑자기 밖으로 뛰쳐나갔다. 그런데 청년은 힘이 없는지 얼마 못 가서 털썩 주저앉고 말았다. 그때 청년의 어깨 위로 누군가의 손이 올려졌다. 돌아보니 편의점 주인이었다.

　당황한 청년은 들고 있던 빵을 얼른 내밀었다.

　"용서해주세요. 며칠째 아무것도 먹지 못해서 훔쳤습니다. 이 빵은 자정이 넘었기 때문에 유통기한이 지난 거예요."

　그러자 편의점 주인은 우유를 건네주며 말했다.

　"이봐 젊은이, 사랑에는 유통기한이 없으니 이것과 함께 천천히 들어요."

　청년은 그 자리에서 눈물을 흘리며 몇 번이고 감사했다. 용서야말로 가장 아름답고 위대한 일이다. 용서야말로 감동의 물결을 일으킨다. 아름다운 공동체에는 용서가 있다. 용서야말로 우리를 행복한 인생으로 초대한다. 그래서 레프 니콜라예비치 톨스토이는 말했다. "그대에게 죄를 지은 사람이 있거든 그가 누구이든 그것을 잊어버리고 용서하라. 그때에 그대는 용서한다는 행복을 알 것이다. 우리에게 남을 책망할 수 있는 권리는 없다."

　복수는 시간 허비이고 인생 낭비이다. 중국의 문학작품 중에는 원수 갚는 이야기가 많다. 가족의 원수를 갚기 위해 무술을 연마하면서 일생을 허비한다. 그러나 원수를 갚으려다가 내가 먼저 망한다. 한순간의 복수를 위해 평생 타인의 삶에 매달려 시간을 허비하는 어리석은 일이다. 복수는 타인의 행동에 자신의 삶을 동여매고 끌려가는 것과 같다.

미국 위스콘신대학교의 연구논문에 의하면 "인간은 용서하지 못할 때 우울증, 고혈압, 위경련, 격렬한 분노, 편집증 등이 나타난다"고 한다. 복수는 자기 인생을 파괴하는 일이다. 남을 미워할 때 자기 건강에 적신호가 온다.

그뿐만 아니라 우리가 다른 사람을 용서하지 않으면 하나님께서 함께하시지 않는다. 용서는 인간관계를 원만하게 만들지만 복수는 인간관계를 악화시킨다. 용서는 하나님의 초청장이지만 복수는 사탄의 초청장이다. 하나님은 용서의 마당에서 춤을 추신다. 그러나 사탄은 복수의 마당에서 춤을 추고 즐긴다. 용서는 천국을 연출하지만 복수는 지옥을 연출한다. 용서는 자유와 평화와 행복을 불러오지만 복수는 구속과 불화와 불행을 불러온다.

흔히 "주기도문이 최대의 순교자"라고 말한다. 그게 무슨 말인가? 주기도문을 늘 외우면서도 용서하는 삶을 살지 않는 이중적인 모습을 빗대어 하는 말이다. 주기도문에서 그렇게 말하지 않는가? "우리가 우리에게 잘못한 사람을 용서하여 준 것같이 우리 죄를 용서하여 주시고…."

당신은 어떤가? 맺힌 마음을 갖고 살아가는가, 아니면 묶어둔 끈을 풀고 자유와 평화를 경험하고 있는가? 천국은 용서로 묶인 마음의 끈을 푸는 것이다. 용서하지 못하는 삶은 지옥생활이요, 용서하는 삶이야말로 바로 천국생활이다.

복수를 선택하느냐 용서를 선택하느냐는 그 사람의 인격과 영성을 대변해준다. 그래서 철학자 베이컨은 말했다. "복수할 때 인간은 그 원수와 같은 수준이 된다. 그러나 용서할 때 그는 그 원수보다 위에 서 있다." 이제 우리는 "용서를 받으려면 먼저 용서하라"는 예수님의 말씀처럼 용서로 영적 강자의 모습을 보여주는 삶을 살아야 한다.

사실 인간의 마음은 각종 잡초로 뒤덮여 있다. 그래서 용서하기에는 부적합하다. 그렇다면 어떻게 하면 예수님의 말씀처럼 일흔 번씩 일곱 번이라도 용서하는 무한한 자비를 베풀 수 있는가?

용서하는 삶을 선택하기 위해서는 생각의 머무름을 잘 선택해야 한다. 아팠던 기억에 오래 머무르면 절대 용서할 수 없다. 상처준 사람을 깊이 묵상하지 말고 나를 용서하신 하나님을 깊이 묵상해야 한다. 상처를 묵상하지 말고 상처를 회복시키시는 하나님을 깊이 묵상해야 한다.

용서를 방해하는 사탄의 전략은 우리로 하여금 감정적이 되게 하는 것이다. 부정적인 감정은 우리로 하여금 용서의 세계로 나아가는 길목을 차단한다. 아팠던 기억으로부터 오는 부정적인 감정의 끈을 끊어버려서 망각의 강물로 흘려보내야 한다.

용서의 세계로 나아가려면 "이런 사람은 절대 용서할 수 없다"는 고정관념을 깨뜨려야 한다. 인간에게는 용서할 사람과 용서하지 못할 사람을 구분할 권한이 없다. 용서는 용서받은 사람이 행해야 할 의무일 뿐이다. 우리는 이미 하나님으로부터 무한한 용서를 받은 존재이다. 그러기에 용서해야 한다. 그래서 바울은 말하지 않았는가! "누가 누구에게 불만이 있거든 서로 용납하여 피차 용서하되 주께서 너희를 용서하신 것같이 너희도 그리하고 이 모든 것 위에 사랑을 더하라. 이는 온전하게 매는 띠니라"(골 3:13-14).

용서하지 않고 지옥 같은 삶을 살고 싶은 사람은 없다. 용서함으로 평안하고 자유로운 삶을 살고 싶지만 잘 되지 않는다. 사실 용서는 인간의 힘으로는 한계가 있다. 하나님의 은혜가 필요하다. 하나님이 공급하시는 힘이 있어야 한다. 성령의 이끄심에 자신을 내맡기는 사람만이 용서의 삶을 살아갈 수 있다. 복수하고 싶은 사람이 있다면 기억하라. '용서야말로 우리가 선택할 수 있는 최고의 아름다운 복수'라는 사실을. 용서가 넘치는 공동체야말로 감동 있고 행복한 교회가 될 수 있다.

헌신으로 행복의 불을 지피라

어느 집에 들어가 보니 집안이 쓰레기와 옷으로 난장판이었다. 엉망진창이 된 방에는 바퀴벌레가 여기저기 돌아다니고 냉장고 안에까지 우글거렸다. 천장과 벽은 곰팡이로 얼룩져 있었고 형광등도 없이 전기선이 밖으로 드러나 있었다. 아이들은 쓰레기더미처럼 엉망진창이 된 곳에서 먹을 수 없는 음식을 먹고 있었다.

물론 이들에게는 부모가 버젓이 있었다. 그런데 아버지는 아내를 때리고 아이들을 폭행했다. 가정을 전혀 책임지지 않았다. 무책임하고 폭행을 가하는 남편에게 질린 아내는 급기야 우울증에 걸렸고, 게임중독에 빠져 가정과 아이들은 돌보지 않고 PC방에서 살았다. 희생과 헌신을 모르는 부모가 한 가정을 쑥대밭으로 만든 것이다.

어느 날, 배고픈 아이들이 식당에서 밥을 시켜먹고 있었다. 그런데 아홉 살 된 여동생이 오빠를 챙겨주었다. 자기 배도 채우지 못할 판국인데 오빠를 챙기고 있었다. 한참 밥을 먹더니 밖으로 달려나갔다. 유치원에서 돌아오는 여동생을 챙기기 위해서였다. 식당으로 돌아온 아이는 자기가 먹던 국수를 여동생에게 내주었다. 그리고 오빠와 여동생에게 물을 챙겨주었다. 부모가 그 역할을 감당하지 않으니까 자기가 엄마 역할을 하는 것이었다.

인류 역사는 희생과 헌신을 아끼지 않는 사람들에 의해 쓰인 것이다. 공동체는 희생적인 헌신을 하는 사람들에 의해 세워진다. 행복한 공동체 역시 한 알의 밀알이 되어 썩은 자들에 의해 만들어진다. "한 알의 밀이 땅에 떨어져 죽지 아니하면 한 알 그대로 있고 죽으면 많은 열매를 맺느니라"(요 12:24). 바울은 감격스럽게 외쳤다. "자기 아들을 아끼지 아니하시고 우리 모든 사람을 위하여 내주신 이가 어찌 그 아들과 함께 모든 것을 우리에게 주시지 아니하겠느냐"(롬 8:32).

헌신은 감동을 낳는다. 헌신하는 사람에게 사람들은 감동한다. 그러나 헌신하지 않는 사람에게서는 회의를 느낀다. 헌신은 변화를 일으킨다. 부모의 희생적인 헌신은 자녀를 변화시킨다. 전도자의 희생적인 헌신은 불신자를 변화시킨다. 아내의 전적인 희생과 헌신이 남편을 변화시킨다. 변화를 경험하길 원한다면 희생적인 헌신을 하라. 헌신은 전염된다. 한 사람이 헌신하면 그 옆에 있는 사람들이 헌신에 전염된다. 그러나 헌신하지 않는 사람 곁에 있으면 헌신하지 않는 것에 전염된다. 당신 곁에 누가 서 있는지를 보라.

윌리엄 홀 박사 부부는 기도하는 중에 하나님의 음성을 들었다. "조선으로 가라. 조선 사람들에게 복음을 증거하라." 그리고 홀 부부는 이 명령을 듣고 모든 것을 버리고 조선으로 왔다. 그들이 도착할 당시에는 청일전쟁 직후라 평양 일대에 콜레라가 발생하여 많은 사람이 죽어가고 있었다. 홀 박사는 주야로 콜레라에 걸린 조선 사람들을 치료하다가 과로해서 심장마비로 세상을 떠났다.

그럼에도 아내 로제타 홀은 남편의 죽음에 굴하지 않고 끝까지 조선을 섬겼다. 그녀는 한국 최초의 여의사 박에스더를 길러 냈고, 한국 최초의 여자의학교육기관인 경성여자의학전문학교를 설립했다. 또한 시각장애인을 위해 점자도 보급했다.

그녀의 아들 셔우드 홀 역시 부모의 뒤를 이어 의학을 공부하고 한국에 와서 많은 환자를 돌보았다. 해주에 결핵 요양소를 운영하면서 지금 우리가 크리스마스 때마다 사는 '크리스마스 실'을 만들어 결핵 퇴치에 전력을 기울였다.

이들은 미국에서 편안하게 살 수 있었다. 가족과 친지, 친구들과 함께 지낼 수 있었다. 그런데도 하나님의 부르심을 따라 미개하고 지도에도 잘 나타나지 않는 조선을 찾아왔다. 이들 일가족은 생명을 다해 헌신했다. 이들의 무덤과 기념관이 아직도 양화진에 있어, 매년 수많은 사람이 그곳을 방문해 그들의 희생을 추모한다.

아름다운 공동체는 희생과 헌신으로 똘똘 뭉쳐진 사람이 많아야 한다. 남보다 앞서서 헌신하는 지도자가 있는 공동체는 행복하다. 자기가 져야 할 짐을 다른 사람에게 떠넘기지 않는 일꾼이 많아야 한다. 다른 사람의 무거운 짐까지도 함께 져주고 헌신하는 사람이 필요하다.

그렇다면 우리가 하는 헌신을 한번 점검해보아야 한다. 순수한 희생과 헌신인지, 아니면 순수하지 못한 희생과 헌신인지를 점검해보라. 주님은 희생하고 헌신한 다음에 "나는 무익한 종"이라고 고백하는 사람을 원하신다. "이와 같이 너희도 명령 받은 것을 다 행한 후에 이르기를 우리는 무익한 종이라. 우리가 하여야 할 일을 한 것뿐이라 할지니라"(눅 17:10).

주님은 생색을 내고 자기를 자랑하며, 자기 의를 주장하고 큰소리 치는 사람을 원하지 않으신다. 그는 이미 자기 상을 다 받았다. 자신이 영광을 다 갈취하고 말았다. 참된 종은 모든 영광을 주인에게 돌리는 자이다. 중직자 선거에서 떨어졌다고 상처받고 교회를 떠나는 헌신이 무슨 헌신이겠는가? 몸 사리고 자존심을 내세우는 헌신이 무슨 헌신인가?

참된 헌신을 하려면, 먼저 헌신의 열매와 보람을 잊지 말아야 한다. 헌신은 절대 헛되지 않는다. 불신 남편을 위한 아내의 헌신은 남편의 구원을 가져올 것이다. 자녀를 위한 부모의 헌신은 성숙한 자녀를 보게 될 것이다. 전도자의 헌신은 한 생명을 구원하는 기쁨을 보게 될 것이다. 주님을 위한 성도의 헌신은 교회를 든든히 세우게 될 것이다.

헌신하는 자는 사람에게 초점을 맞추지 말고 하나님께 초점을 맞춰야 한다. 사람에게 초점을 맞추면 상처를 받게 될 것이다. 헌신하는 동안 지치고 낙담하지 않기 위해 서로 격려해야 한다. 설혹 다른 사람이 격려하지 않을지라도 자신을 스스로 격려하고 자신에게 열렬한 응원가를 불러줘야 한다.

웃음과 미소로 타인의 마음을 열어라

10초 동안 크게 웃으면 3분 동안 노를 젓는 것과 같은 운동 효과가 있다고 한다. 그리고 웃음은 심장병 예방과 치료에 탁월한 효과가 있다고 한다. 그러니 웃을 일이 없더라도 많이 웃어야 한다. 웃음이 신체적, 심리적으로 엄청난 효과가 있음은 의학적으로도 입증되었다.

스탠퍼드대학교의 프라이 박사는 임상실험을 통해 웃음의 효과를 이렇게 소개한다. 첫째, 엔도르핀과 엔케팔린 등의 호르몬이 뇌하수체에서 분비하여 진통효과를 준다. 둘째, 스트레스나 근심과 긴장을 완화시켜 우울증 치료 및 예방에도 효과적이다. 셋째, 면역력을 증강시켜주어 항염증 작용을 함으로써 아토피나 기타 염증 질환에도 효과가 있다. 그 외에도 혈액순환을 촉진하여 혈압을 조절하여 주고 소화기를 자극하여 소화를 돕는 효과가 있다.

"일소일소 일노일노"라고 하지 않던가! 한 번 웃으면 한 번 젊어지고 한 번 화내면 한 번 늙는다. 어디 그뿐이던가! "소문만복래"라고 한다. 웃으면 복이 집안으로 굴러들어온다는 뜻이다. 서로를 위해 따뜻한 미소를 짓고 웃으면 관계가 좋아진다. 안 될 일도 웃으면 된다. 웃으면 행복이 굴러들어온다. 그러니 웃지 않을 이유가 무엇인가.

링컨은 "40세가 되면 자기 얼굴에 책임을 져야 한다"고 말했다. 아름다운 공동체는 '얼굴 책임론'을 절감하는 사람들로 구성되어 있다. '내 얼굴 내가 아무렇게나 하는데 누가 뭐라고 해'라고 생각해서는 안 된다. 아름다운 인격의 사람은 자신의 얼굴에 대한 책임감을 갖고 있어야 한다.

월마트는 미국의 대형 할인점이다. 그런데 이상한 일이 있다. 직원들은 출근해서 퇴근할 때까지 상의 주머니에 1달러짜리 지폐를 꽂고 다닌다. 그리고 이 1달러짜리 지폐가 꽂혀 있는 주머니 앞에는 이렇게 쓰인 명찰이 달려 있다.

"만약 제가 미소 짓지 않으면 뽑아가세요."

이것은 영업사원에게만 적용되는 것이 아니다. 판촉사원으로부터 매니저까지 월마트 직원이면 예외 없이 적용된다. 월마트 직원들은 상의 주머니의 1달러짜리 지폐를 '스마일 달러'라고 부른다.

아름다운 미소는 다른 사람을 즐겁고 행복하게 한다. 그런데 웃다보면 웃는 자신이 훨씬 더 큰 보상을 받는다. 부드러운 미소를 짓는 사람이야말로 즐겁고 행복해지는 것을 발견하게 된다.

유대교에서는 "사람을 대접할 때 우유를 내놓지 말고 미소를 내라"고 가르친다. 맛있는 음식을 내놓는 것보다 상냥한 미소로 맞아주는 것이 훨씬 더 마음을 따뜻하고 행복하게 하기 때문이다. 다른 사람에게 미소를 선물하기 위해 거울 앞에서 웃는 연습을 해보라. 처음에는 어색할 수 있다. 그러나 부단한 훈련이야말로 활짝 웃는 아름다운 미소를 만들어낼 수 있다.

의학박사 윌리엄 프라이는 "웃음은 바이러스처럼 강한 전파력이 있기 때문에 다른 사람의 마음까지도 즐거운 기분으로 바꿀 수 있다"고 말했다. 누군가 나를 향해 쌩긋 웃어주면 얼마나 기분 좋은가? 온화하게 웃는 부드러운 얼굴은 자석과도 같아서 사람들을 끌게 된다. 그러나 찌푸리고 경직된 얼굴은 사람들을 밀어내는 힘을 갖고 있다.

목회자를 향해 웃어주는 성도가 있을 때 얼마나 행복한가! 성도를 바라보는 목회자의 얼굴에 만연의 미소가 담길 때 성도는 얼마나 행복한가! 행복한 공동체에 들어와서 구태여 인상 쓸 이유가 무엇인가? 웃으라. 그리고 미소로 교회를 장식하라. 행복한 공동체는 당신의 미소에 달려 있다.

'웃음학의 아버지'라 불리는 노만 카슨 박사는 웃음에 관해서 이렇게 말했다. "우리 몸에는 완전한 병원이 있다. 그것이 바로 웃음이다." 웃음은 자신을 치료할 뿐 아니라 다른 사람도 치료하는 힘을 갖고 있다. 웃음에는 강한 전염성이 있다. 내가 웃으면 주변 사람도 웃는다. 그러나 내가 인상을 찌푸리고 짜증을 내면 주변 사람에게 금방 전염된다. 그래서 공동체의 분위기는 어두워진다. 내가 목소리를 높이면 다른 사람의 목소리도 커진다. 그러나 내가 목소리를 낮추고 미소를 지으면 다른 사람의 목소리도 작아지고 웃음을 짓는다.

웃는 얼굴은 세상에서 가장 아름다운 보석이다. 미소는 어떤 말보다 강한 설득력이 있다. 자신의 주장을 관철시키기 위해 인상 쓰면서 바락바락 악쓰지 말아야 한다. 나도 힘들고 다른 사람도 힘들어진다. 그 광경을 바라보시는 하나님의 마음도 아프실 것이다.

사람들은 나에게 "살인미소를 갖고 있다"고 말한다. 처음 만나는 사람과 함께 몇 분간만 대화를 나누다 보면 "목사님은 참 편하다. 인상이 좋다"는 말을 듣는다. 남에게 푸근한 심리적인 안정을 선사할 수 있다는 사실이 얼마나 행복한 일인가? 그런데 이러한 웃음은 하루아침에 이루어지는 것이 아니다. 웃고 미소 짓는 일도 부단한 훈련 과정이다.

하루를 웃음으로 시작하고 웃음으로 끝맺겠다고 결단해보라. 만나는 사람에게 먼저 미소를 선물해보라. 미소는 미소를 낳는다. 그러나 인상 쓰는 사람은 험악한 인상을 주는 사람들에게 둘러싸이게 된다.

데일 카네기는 웃음에 대한 재미있는 실험을 했다. 매일 주위 사람들에게 미소를 보여주고 1주일 후의 결과를 편지로 알려달라고 했다. 그러자 한 샐러리맨이 이런 내용의 편지를 보내왔다.

"저는 정말 놀라운 경험을 했습니다. 카네기 선생님의 주문대로 아침에 일어나 아내에게 웃음을 지어 보이며 '굿모닝' 하고 인사를 건넸습니다. 회사에서 퇴근하고 와서도 마찬가지입니다. 회사에서 만나는 동료와 거래처의 사람들에게도 마찬가지로 인사를 했습니다. 그러자 놀라운 일이 벌어졌습니다. 그때까지 암흑과 같았던 제 삶에 변화가 일어나기 시작한 것입니다. 1주일이 지난 후 가정에는 갑자기 활기와 기쁨이 넘치기 시작했습니다. 아침에 일어나면 세상 그 누구보다 생기발랄하고 아름다운 아내가 먼저 저에게 웃음을 보내옵니다. 그리고 제 마음속에도 기적과 같은 일이 일어났습니다. 거의 새롭게 태어난 기분입니다."

그윽한 미소의 향기는 다른 사람을 기분 좋게 만든다. 사람들에게 활력을 불어넣고 살고 싶은 의욕을 불러일으킨다. 자신을 향해 미소 짓는 사람을 보면 마음이 저절로 열린다. 그 사람에게 다가가서 말이라도 한마디 건네고 싶어진다. 그런데 그 행복은 금세 미소의 향기를 발한 자신에게로 되돌아온다. 그래서 다른 사람에게 보내는 '미소 선물'은 수지맞는 일이다.

옛말처럼 웃는 낯에 침 뱉을 수 없다. 아무리 악한 사람일지라도 웃는 낯을 향해 욕설을 퍼부을 수 없다. 마음이 불편한 사람이 있다면 아무 말 없이 다정다감한 미소를 지어보내라. 당신을 향해 닫힌 그의 마음은 머지않아 열릴 것이다.

한국 사람의 얼굴은 너무 심각하고 진지하게 굳어져 있다. 굳어진 얼굴로는 사람들을 움직일 수 없다. 일이 잘 안 되더라도 미소 한번 지어주면 굳었던 마음이 풀린다. 짜증 부리는 사람도 그 누군가 지어주는 미소 앞에서는 무기력해진다.

우리는 "내가 웃으면 거울이 웃는다"는 사실을 잊지 말아야 한다. 내가 만나는 모든 사람은 사실 나의 거울이다. 내가 웃으면 그들도 웃는다. 그러나 내가 인상을 찌푸리고 짜증을 부리면 다른 사람도 나에게 그렇게 대한다.

행복한 공동체에는 다정한 미소를 짓는 성도가 많다. 그들은 행복 바이러스를 뿜어낸다. 어른의 인자한 미소에 아이와 젊은이들은 어리광을 부린다. 서로를 향한 미소에 힘들었던 삶의 짐이 덜어진다.

그리스도인은 전도를 잘해야 한다. 전도하는 일에 누구보다 앞장서야 한다. 그런데 그리스도인이 얼굴을 잘 관리하고 생활을 아름답게 하는 것이 간접적인 전도이다. CEO들도 직원을 채용할 때 스펙보다 얼굴을 본다고 한다. 그 이유가 무엇인가? 얼굴에는 성품과 능력이 어느 정도 드러나 있기 때문이다. 교회도 마찬가지다. 성도의 아름다운 인격에서 나오는 향기에는 불신자를 그리스도께로 인도하는 매력이 담겨 있다.

C·H·A·P·T·E·R 7
행복한 교회는 따뜻한 말로 희망을 준다

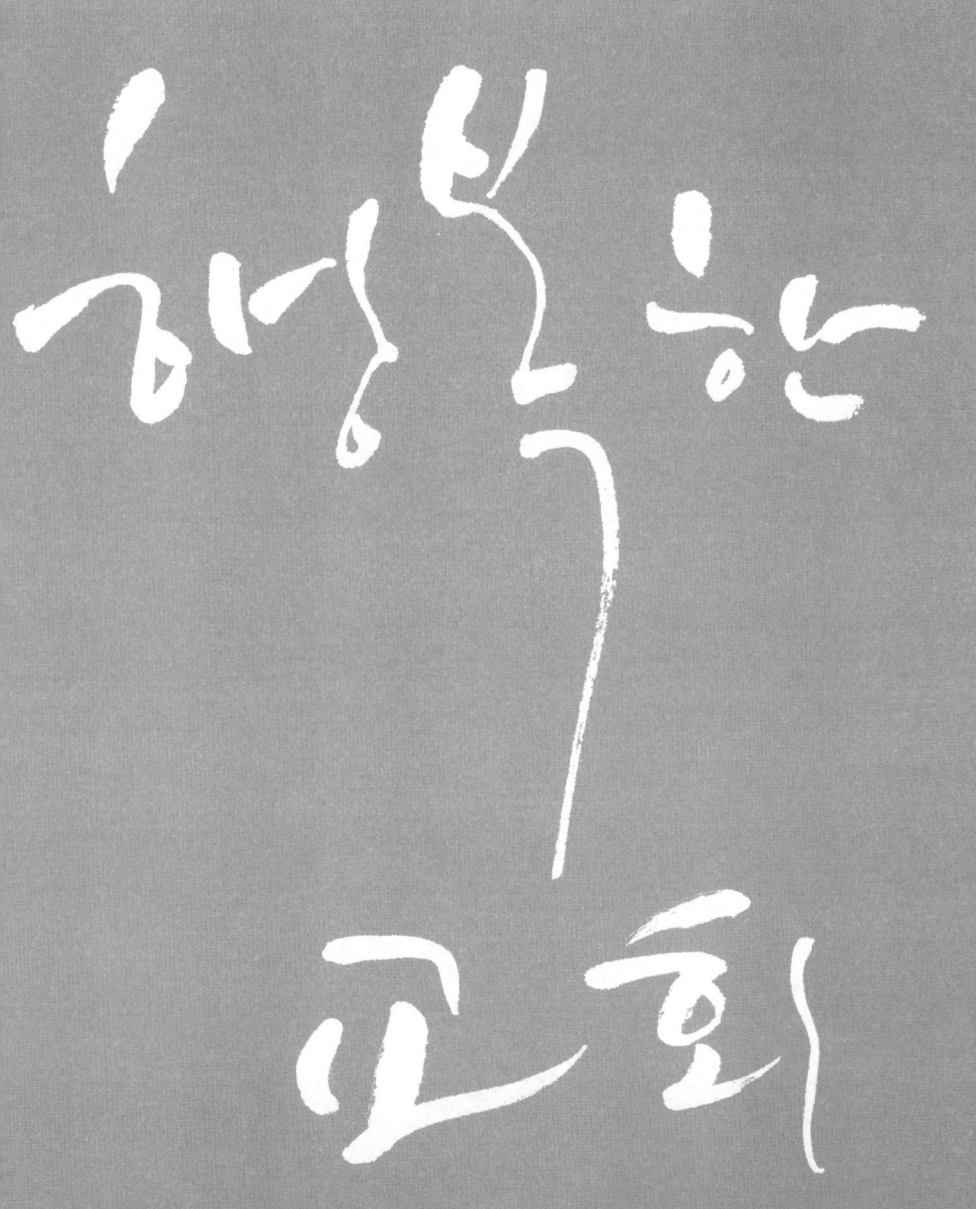

우리는 덕스럽고 은혜로운 말을 내는 아름다운 입을 갈망해야 한다.
성숙한 말은 위로와 희망을 낳으며, 지혜로운 말은 다른 사람을 치유하고
회복시키는 감동을 낳는다. 교회 공동체를 행복하게 만든다.

어느 부유한 가정의 아버지가 세상을 떠나가기 전 아들에게 마지막 말을 남겼다.

"사랑하는 아들아, 내가 물질적으로 부유하게 해주면 도리를 다한 것같이 생각하고, 내가 사업에 얽매여 어릴 때부터 너와 자주 놀아주지도 못하고, 사랑한다는 말과 사랑을 듬뿍 주지 못하고 가서 미안하다. 아들아! 사랑을 제대로 말하지도, 주지도 못하여 정말 미안하다."

그 아버지는 그렇게 아들의 손을 잡고 조용히 생을 마감했다.

당신은 어떤가? 주변에 있는 소중한 사람들에게 어떤 말을 하는가? 해야 할 말을 하지 못하고 후회하는 일은 없는가?

말이라고 다 같은 말은 아니다. 말도 말 같은 말이어야 한다. 우리는 하루에도 수많은 말을 한다. 그러나 어떤 말은 전혀 쓸모없는 말이

다. 아니, 다른 사람을 해치는 절대 하지 말아야 하는 그런 말이다. 그런데도 그런 말을 스스럼없이 한다.

말을 할 때는 감동을 주는 말을 해야 한다. 한마디의 말이 다른 사람에게 감동을 안겨주는가 하면 실망을 주기도 한다. 그래서 말하는 데는 지혜가 필요하다. 아름다운 마음에는 아름다운 말이 싹튼다. 그러나 거친 마음 밭에는 아픔과 상처를 주는 말이 자란다. 그래서 우리는 은혜로 마음 밭을 잘 가꾸어야 한다.

아브라함 링컨은 어려서 어머니를 여의었다. 아버지는 얼마 있지 않아서 새어머니를 맞았다. 하루는 새어머니가 링컨을 붙잡고 이런 말을 했다.

"네 이름이 아브라함인데, 성경의 아브라함에 대해서 아느냐?"

"듣기는 들었지만 잘 모르겠는데요."

새어머니는 링컨에게 성경의 아브라함에 관한 이야기를 해주었다. 그러고는 "이제 아브라함이 얼마나 귀한 이름인지 알겠니?"라고 말하며 링컨을 보듬어주었다.

그런 새어머니의 지혜롭고 성숙한 마음과 말로 인해 링컨은 어머니를 잃은 상처와 아픔을 달랠 수 있었다. 아니, 새어머니가 하는 한마디 한마디 말은 링컨에게 자부심과 뿌듯함으로 세상을 살아가는 힘을 실어주었다. "명철한 사람의 입의 말은 깊은 물과 같고 지혜의 샘은 솟구쳐 흐르는 내와 같으니라"(잠 18:4).

우리는 시원하고 달콤한 물을 내는 샘처럼 덕스럽고 은혜로운 말을 하는 아름다운 입을 갈망해야 한다. 미숙한 말은 아픔을 남긴다. 그러나 성숙한 말은 위로와 희망을 낳는다. 나발과 같은 지혜롭지 못한 한마디는 다른 사람을 죽이고 공동체를 상하게 한다. 그러나 아비가일과 같은 지혜로운 말 한마디는 불행과 화를 축복으로 바꾼다. 다른 사람을 치유하고 회복시키는 감동을 낳을 뿐만 아니라 공동체를 행복하게 만든다.

주님의 마음으로 위로하고 격려하라

바나바는 위로와 격려의 사람이었다(행 4:36). 그의 이름은 '위로의 아들'이라는 뜻이다. 영어 성경은 'good man', 즉 좋은 사람이라고 번역하고 있다. 교회 안에는 위로의 아들로서 아픈 자와 슬픈 자, 상처 입은 자를 감싸주고 격려해주는 좋은 사람이 절실히 필요하다.

행복한 공동체는 아파하는 사람이나 슬픔을 당한 사람을 찾아 위로한다. 따뜻한 위로의 한마디가 모든 아픔과 슬픔을 씻어 내린다. 힘들고 고달픈 세상을 살아가는 모든 사람이 서로에게서 위로받고 격려받기를 갈망하고 있다. 그러나 정작 자신이 다른 사람을 위로하고 격려하는 사람으로 선뜻 나서지는 못한다.

슬픔과 아픔을 이겨내는 비결은 무엇인가? 고통을 극복하는 비결은 무엇인가? 서로 위로하는 일이다. 서로 위로할 때 우리는 아픔과 고통을 쉽게 극복해낼 수 있다. 위로는 다른 사람뿐 아니라 자신을 행복하게 만든다. 위로야말로 기죽은 사람의 기를 살려줄 수 있다. 살아갈 용기를 잃은 사람에게 용기를 불어넣어준다. 희망을 상실한 사람에게 희망을 바라보게 한다. 위로야말로 관계를 맺어준다. 위로야말로 결속력을 강화시켜준다.

이 세상에는 아픔과 고통당하는 사람이 많다. 그만큼 위로가 절실하게 필요하다는 뜻이다. 이 세상에 절대적으로 필요한 단어는 바로 위로이다. 그런데 이렇게 필요한 위로를 잘할 수 있는 사람은 어떤 사람인가? 바로 위로를 경험한 사람이다. 그래서 빌리 그레이엄 목사는 이런 말을 했다. "하나님은 단지 우리를 위로하기 위해서 위로하시는 것이 아니라 우리로 하여금 위로자가 되게 하시기 위해서 우리를 위로하신다."

영국의 빅토리아 여왕은 평소에 스코틀랜드의 성 앤드류대학교 총장인 튤록 부부와 가까이 지냈다. 1861년은 이들에게 아픔의 해였다. 빅토리아 여왕의 남편 알버트 공이 세상을 떠났기 때문이다. 여왕은 남편이 떠난 빈자리에 홀로 서 있어야 했다. 그런데 같은 해에 튤록 총장도 죽었다. 그래서 총장 부인 역시 혼자가 되었다.

어느 날, 여왕은 예고도 없이 튤록 부인을 방문했다. 예고도 없이 불쑥 찾아온 여왕을 본 총장 부인은 깜짝 놀라서 의자에서 벌떡 일어서려고 했다. 그러자 여왕은 튤록 부인을 만류하며 이렇게 말했다. "일어나지 마시오. 나는 오늘 여왕의 신분으로 당신을 찾아온 것이 아니오. 남편 잃은 여자가 남편 잃은 여자에게 찾아온 것이오."

목회를 하다 보면 '위로자'가 절실히 필요하다. 목회자를 향해 비판하고 비난하기는 쉽다. 그러나 목회자의 마음을 알아주고 고충을 덜어주는 사람은 드물다. 고충의 소리를 다 들어주지 않아도 좋다. 어차피 목회자의 고충을 성도에게 다 말할 수 없으니 말이다. 그러나 정말 그리운 것은 목회자의 고충을 조금이라도 이해하고 느껴줄 수 있는 성도이다.

행복한 교회가 되려면 위로하는 일을 사명으로 알고 뛰는 성도가 있어야 한다. 슬픈 사람의 상처가 눈에 들어오고 아픈 사람의 마음이 느껴지는 성도 말이다. 성도들이 성 프란시스의 노래처럼 위로받기보다는 위로하고, 이해받기보다는 이해하며, 사랑받기보다는 사랑하는 사람으로 살아가려고 헌신한다면 그 교회는 반드시 행복한 교회가 될 것이다.

프랭클린 루즈벨트 대통령은 "사람은 운명의 포로가 아니라 자기 마음의 포로"라고 말했다. 지치고 상처 난 마음을 서로 치유하고 세워주는 공동체야말로 행복한 교회이다. 한마디의 말이 사람들에게 힘을 실어주기도 하고 실망을 주어 절망의 나락으로 떨어뜨리기도 한다. 행복한 교회에는 희망을 주고 사람을 살리는 좋고 긍정적인 말을 하는 성도가 많다. 우리가 하는 작은 격려가 한 사람에게 커다란 희망을 안겨준다.

세계적인 흑인 가수 마리안 앤더슨은 가난한 흑인 부모 밑에서 태어났다. 아버지는 그녀가 열 살 되던 해에 아내와 어린 세 딸을 남기고 세상을 떠났다. 오페라 가수가 꿈인 그녀는 어릴 적부터 노래를 아주 잘 불렀다. 학교 합창반과 교회 성가대에서 노래를 부르면서 정규 음악교육을 받고 싶어 음악학교를 찾아갔다.

그러나 여직원은 "가난한 흑인은 받지 않는다"고 거절했다. 몹시도 낙담한 딸에게 어머니는 담담하게 말했다.

"아가야, 괜찮아. 괜찮아. 슬퍼하거나 좌절하지 마렴. 또 다른 길이 있을 거야."

어머니의 따뜻한 격려의 말은 앤더슨에게 희망을 주었다.

그 후 다니던 학교의 교장 선생님 소개로 이탈리아 음악가 보게티에게 음악교습을 받게 되었다. 그녀의 재능을 키워주고 싶었던 보게티는 교회에서 '마리안 앤더슨을 위한 기금'을 모아 노래를 배울 수 있게 해줬다. 그리고 타운 홀에서 독창회를 열어주었다. 앤더슨은 독창회 날을 기다리며 준비에 열정을 태웠다.

드디어 막이 오르고 어린 앤더슨이 무대 중앙에 섰다. 그런데 기대했던 화려한 무대가 아니었다. 청중도 그다지 많지 않았다. 감수성이 예민한 앤더슨은 마음의 평정을 잃었고 간신히 노래를 마무리짓고 쫓기듯 무대를 내려왔다.

다음 날 아침 신문에 실린 그녀의 독창회 평가는 엉망이었다. "노래가 앵무새 같다"는 혹평도 있었다. 실망한 앤더슨은 "오페라 가수의 꿈을 접겠다"고 어머니에게 울먹였다. 어머니는 앤더슨을 가만히 안으며 말했다.

"괜찮아. 괜찮아. 너는 지금 소중한 경험을 한 거야. 네가 부족한 것을 알게 된 거야. 사람들은 네가 부족한 것을 채우기를 바라는 것이지, 네가 포기하는 것을 바라는 것이 아니야. 괜찮아. 너는 해낼 수 있을 거야."

어머니는 항상 꿈과 희망을 실어주었다. 앤더슨은 그 후 23세의 나이로 뉴욕 필하모니와 협연하면서 유명해지기 시작했다. 1930년부터 유럽 순회공연을 하며 성공의 반열에 섰다. 토스카니니는 "백년에 한 번 나올까 말까 한 아름다운 목소리"라고 그녀를 격찬했다.

우리는 때때로 실패하기도 하고 넘어지기도 한다. 그때 비난하고 정죄하는 손가락질 때문에 더 큰 상처를 받기도 한다. 실패한 사람에게는 용기를 가질 수 있는 따뜻한 격려 한마디가 필요하다. 넘어진 사람을 다시 일어서게 하는 격려가 공동체를 아름답고 행복하게 만든다. 허물없는 자가 누구인가? 죄짓지 않는 자가 어디 있는가? 비록 용납할 수 없는 일을 저질렀을지라도 보듬어 다시는 그런 실수를 하지 않도록 도와주는 것이 필요하다.

학생이 실수해도 "괜찮아. 어릴 때는 다 그런 거야. 그러면서 크는 거지"라고 격려해주는 교사가 있는 교회가 행복하다. 신앙이 어린 성도가 말씀에 어긋난 행동을 해도 "그러면서 신앙이 자라는 거예요. 그러니 하나님의 말씀을 잘 듣고 읽는 게 중요해요"라고 격려하는 어른들이 있어야 행복한 교회이다.

인생을 바꾸는 칭찬을 자주 하라

어느 날 아침, 남편이 출근하려는데 아내가 말한다.
"우와, 이 양복 정말 잘 어울리는데?"
남편이 웃으면서 대답한다.
"하하하, 당신이 골라준 거잖아."
아내의 스쳐가는 칭찬에 남편은 유머로 반응한다.
"넥타이 참 멋있어요."
"당신의 눈이 명품이기 때문이지. 하하하."

꽤 괜찮은 부부가 아닌가? 부부가 이렇게 서로 칭찬하며 살면 행복하다. 칭찬 한마디가 세상 모든 사람을 귀인으로 만들고, 세상 모든 상품을 명품으로 만든다. 평생 얻어야 할 멋진 능력, 그것은 바로 칭찬하는 능력이다.

불행한 공동체를 보라. 칭찬을 찾아볼 수 없다. 다른 사람을 무시하고 비난하는 말이 난무한다. "왜 그렇게 해? 그러니까 일이 잘 안 되지. 이건 다 당신 책임이야!" 자그마한 실수나 허물에도 정죄하고 책망하는 말을 스스럼없이 털어놓는다. 그런 공동체는 상처로 얼룩지고 만다.

그러나 행복한 공동체는 다른 사람을 칭찬하는 말을 아끼지 않는다. 작은 성취에도 칭찬하고 격려한다. 단점과 허물을 찾기보다 잘할 수 있는 것을 찾아서 칭찬한다. "어떻게 그렇게 생각할 수 있어? 정말 대단하다. 그래서 내가 집사님을 좋아해." 사실은 별것도 아닌데 너무 과다하게 칭찬해서 쑥스러울 정도이다.

그런데 이런 칭찬은 다른 사람에게 용기를 불어넣어준다. 칭찬 한마디가 사람을 신이 나게 한다. 주눅이 들 수 있는 사람에게 도전하고자 하는 힘을 제공한다. 칭찬은 하는 사람도 즐겁고 받는 사람도 행복하게 만든다.

프랑스의 가난한 흑인 혼혈아 가정에서 태어난 청년이 일자리를 부탁하기 위해 아버지의 친구를 찾아갔다. 그러자 아버지의 친구가 물었다.

"너는 무엇을 잘하니? 혹시 수학 잘하니?"

아버지의 친구가 묻자, 청년은 가만히 고개를 흔들었다.

"역사나 지리는 어떠니?"

청년은 여전히 고개를 흔들었다.

"그럼 회계는?"

아버지의 친구는 연거푸 질문을 던졌다.

결국 청년은 "잘하는 것이 아무것도 없다"고 말할 수밖에 없었다.

"일단 여기에 연락처를 적고 가거라. 일자리를 찾아볼 테니."

청년은 부끄러운 마음에 급히 주소를 적고 잽싸게 나가려 했다. 그때 아버지의 친구가 말했다.

"글씨를 잘 쓰네. 이것이 너의 장점이로구나. 너는 입에 풀칠하는 일에만 만족하면 안 되겠다."

뜻밖의 칭찬에 용기를 얻은 청년은 생각했다. '내가 글씨를 잘 쓰는구나. 멋진 글씨로 글을 쓰면 더 근사하겠지?'

그날부터 그는 자신의 장점을 살려 글을 쓰기 시작했다. 그 청년이 누구인지 아는가? 바로 「삼총사」, 「몬테크리스토 백작」 등을 쓴 프랑스 작가 알렉상드르 뒤마이다. 아버지의 친구가 만약 글씨를 잘 쓴다고 칭찬해주지 않았다면 그는 세계적인 작가가 되지 못했을지도 모른다. 칭찬 한마디는 이렇게 큰 위력을 갖고 있다. 어린 시절에 선생님이나 부모가 칭찬을 해주면 죽을지 살지 모르고 노력하고 충성했던 기억이 나지 않는가?

정말이지 교회에서 칭찬하는 모습이 그립다. 설교하고 내려올 때 이렇게 말하는 소리를 듣는다. "목사님, 오늘 은혜 많이 받았어요. 오늘 설교가 아주 좋았어요."

립 서비스라고 생각하면서도 왠지 기분이 좋다. 설교한 보람이 있다. 앞으로 더 많은 기도와 준비로 풍성한 꿀을 공급하고 싶어진다. 짧은 칭찬이야말로 더 훌륭한 설교자를 만들 수 있다.

그러나 "우리 목사님의 설교는 맨날 왜 저래?"라는 말을 들었다고 생각해보라. 설교자로서 정말 죽을 맛이다. 강단에 올라갈 용기가 나지 않는다. 아니, 성도들이 두려워진다. 그러니 어떻게 담대한 설교를 선포할 수 있겠는가? 우리는 "그 사람을 위해 하는 말이야"라고 하지만, 그래도 비난은 사람의 기를 꺾어놓는다.

마키아벨리의 '채찍과 당근' 이론은 사람을 통제하는 데 당근보다는 채찍이 더 효과적이라고 주장한다. 그래서 과거에는 '사람은 맞아야 사람이 된다'고 생각했다. 그러나 최근에는 채찍보다는 당근을 줄 때 더 많이 잘못이 교정되고, 또 당근보다는 칭찬과 격려를 해줄 때 더 많은 변화를 가져온다는 것을 알게 되었다. 짐승은 당근보다는 채찍에 더 강렬한 반응을 보이지만, 사람은 이성 있고 영적인 존재이기에 칭찬과 격려 속에서 더 많이 변화한다.

우리 인류의 역사에서 가장 위대한 사람을 꼽으라고 한다면 미국의 제16대 대통령인 아브라함 링컨을 빼놓을 수 없다. 링컨은 아주 독실한 기독교인으로서 그 믿음 위에서 노예를 해방시킨 위대한 대통령이다. 하지만 그 당시는 엄청난 비난을 받았던 대통령이다.

일단 그는 귀족 출신이 아니었다. 미천한 남부의 켄터키 시골 출신이었다. 게다가 학교는 다녀보지도 못했고 독학으로 공부했다. 그의 외모도 원숭이를 닮아서 늘 외모 때문에 놀림을 받았다. 가문도 보잘것없고 정치적인 배경도 없어서 그를 밀어주는 국회의원도 별로 없었다.

나중에 링컨이 노예해방운동에 성공하지만 엄청난 경제적 불황이 찾아오면서 부자들에게 말할 수 없는 비난을 받았고, 심지어는 자기들을 해방시켜 준 노예들까지도 차라리 노예로 있던 시절이 더 좋았다고 하면서 링컨을 비난했다. 그런 와중에 링컨은 급기야 암살을 당하고 말았다.

그런데 링컨이 암살당하고 얼마 후, 암살당하던 날 링컨의 옷에 있었던 소지품들이 공개된 적이 있었다. 링컨이 죽던 날, 그의 호주머니에는 무엇이 들어 있었을까? 손수건 하나와 작은 주머니에 담겨 있는 조그마한 칼, 동전 몇 개, 그리고 지갑이 있었다.

지갑을 열어보니 5달러짜리 지폐 하나와 조그마한 종이 하나가 꽂혀 있었다. 그 종이는 신문기사를 오려놓은 것인데, 얼마나 오래 가지고 다녔는지 색이 누레졌고, 너무 많이 접었다 폈다 해서 글자가 거의 보이지 않을 정도였다.

그 종이에 적혀 있는 내용은 아주 오래전에 영국의 존 브라이트라고 하는 정치인이 인터뷰한 내용인데 이런 내용이었다.

"링컨, 그는 이 시대를 통틀어서 최고의 훌륭한 지도자이다."

매일같이 쏟아지는 비난과 공격 속에서 링컨은 매일 밤 서재에 앉아 성경을 읽으며 하나님께 기도하면서 하나님이 주시는 위로로 용기를 가졌다. 그렇게 하지 않으면 그런 상황에서 도저히 견딜 수가 없었던 것이다. 이렇게 기도가 끝난 후 링컨은 지갑을 열어서 그 신문기사를 읽었다고 한다. 링컨도 인간이었기에 하나님한테서 오는 위로도 필요했지만 사람에게서 오는 칭찬과 격려도 필요했던 것이다.

목사는 성도를 칭찬하고 성도는 목사를 칭찬하는 공동체를 만들어야 한다. 성도들끼리 서로서로 칭찬을 아끼지 말아야 한다. 칭찬 한 마디가 얼마나 사람을 배부르게 만드는지 아는가? 며칠 밥을 먹지 않아도 될 만큼 큰 힘을 불어넣는다. 칭찬은 더 큰 헌신과 노력을 낳는다.

축복의 말로 행복을 감염시키라

베스트셀러 작가 데이 C. 셰퍼드는 「세 가지 황금 문」이란 책에서 우리의 언어생활에 대해 이런 말을 했다.

"말하기 전에 언제나 다음의 세 가지 황금 문을 지나게 하라. 다 좁은 문이다.

첫째 문, 그것은 참말인가?

둘째 문, 그것은 필요한 말인가?

셋째 문, 그것은 친절한 말인가?

이 세 문을 지나왔거든 그 말의 결과가 어찌 될 것인지 염려하지 말고 크게 외쳐라."

지혜의 왕 솔로몬은 말한다. "입을 지키는 자는 그 생명을 보전하나 입술을 크게 벌리는 자에게는 멸망이 오느니라"(잠 13:3). 입을 지킨다는 것이 쉬운 일은 아니다. 그러나 행복을 만드는 사람은 입을 지킬 줄 아는 지혜가 필요하다. 악한 말에는 파멸의 능력이 있다. 그러나 선한 말에는 치유하고 구원하는 축복의 능력이 있다. 우리의 입술은 다른 사람과 공동체를 파멸시키는 힘이 있기도 하지만 그들을 세우고 새로운 인생으로 바꾸는 능력도 갖고 있다. 그러기에 입술에서 나오는 말을 잘 선택해야 한다.

언제나 진실한 말, 바른말, 꼭 필요한 말, 친절한 말, 사랑이 담긴 말, 축복의 말, 행복하게 해주는 말만 골라서 해야 한다. 입에서 나온다고 아무 말이나 해서는 안 된다. 말은 많은 사람에게 행복을 주어야 한다. 그 말로 다른 사람이 복을 받게 해야 한다. 내가 하는 말이 하나님께 영광이 되어야 한다. 그런 말들로 채워지는 교회야말로 행복한 공동체이다.

행복한 공동체는 악한 말을 입에 담지 않는다. 저주하는 말로 저주의 악순환을 거듭하지 않는다. 책망하는 말로 다른 사람을 고치려 하지 않고 격려해준다. 비난하는 말로 낙심시키지 않고 위로해준다. 정죄하는 말 대신 축복하는 말로 새로운 삶을 향한 용기를 불어넣어 준다. 험담하는 말 속에는 독이 있지만 축복하는 말 속에는 보약이 있다.

우리 주 예수님은 제자들에게 세상 사람들이 상상할 수 없는 높은 윤리적인 표준을 제시하셨다. "너희 원수를 사랑하며 너희를 미워하는 자를 선대하며 너희를 저주하는 자를 위하여 축복하며 너희를 모욕하는 자를 위하여 기도하라"(눅 6:27-28). "또 네 이웃을 사랑하고 네 원수를 미워하라 하였다는 것을 너희가 들었으나 나는 너희에게 이르노니 너희 원수를 사랑하며 너희를 박해하는 자를 위하여 기도하라"(마 5:43-44).

참으로 어려운 일이다. 그러나 예수님의 명령이다. 예수님은 "이는 이로 눈은 눈으로 하지 말고 오히려 축복하고 그들을 위해 기도해주라"고 말씀하셨다.

사도 베드로 역시 성도들에게 그렇게 권면했다. "악을 악으로 욕을 욕으로 갚지 말고 도리어 복을 빌라. 이를 위하여 너희가 부르심을 받았으니 이는 복을 이어받게 하려 하심이라"(벧전 3:9). 베드로는 로마 네로 황제의 박해 때문에 고난을 겪는 소아시아 교회 성도들에게 소망을 주고 격려했다. 그리고 그들에게 당부했다. 성도를 핍박하는 자들을 악으로, 욕을 욕으로 갚지 말고, 도리어 복을 빌어주어 하나님의 뜻을 실천하라고 말이다. 놀라운 것은 이웃을 사랑하고 축복할 때 우리가 복을 받게 된다는 사실이다.

로마의 순교자 저스틴은 예수님의 마음으로 말했다. "우리는 핍박하는 원수를 위해서 기도해야 한다." 핍박하는 사람을 위해 축복하며 기도하기는 쉽지 않지만 거기에서 믿음의 위대함을 보여주게 된다. 또한 링컨 역시 이렇게 말했다. "당신을 핍박하는 적을 사라지게 하는 최선의 길은 사랑으로 적을 위해 기도하는 것이다." 그는 정치인으로서 실제로 그러한 삶을 보여주었다. 그는 사랑으로 정적들을 끌어안았다.

제자들을 전도현장으로 파송하시면서 예수님께서 당부하셨다. "그 집에 들어가면서 평안하기를 빌라. 그 집이 이에 합당하면 너희 빈 평안이 거기 임할 것이요 만일 합당치 아니하면 그 평안이 너희에게 돌아올 것이니라"(마 10:12-13). 다른 사람을 위해 마음껏 평안을 빌어주라. 다른 사람에게 한껏 축복의 씨를 뿌려놓아라. 그러면 그 사람이 평안과 축복의 열매를 먹을 것이다. 어디 그뿐인 줄 아는가? 당신도 평안을 맛보게 되고 축복을 누리게 될 것이다.

하나님은 아브라함에게 7가지 축복을 약속하셨다. "너를 큰 민족으로 만들겠다. 네게 복을 주겠다. 네가 크게 이름을 떨치도록 하겠다. 너는 복의 근원이 될 것이다. 너를 축복하는 자를 축복하겠다. 너를 저주하는 자를 저주하겠다. 땅에 사는 모든 민족이 너로 말미암아 축복을 받을 것이다."

참으로 멋진 하나님이 아니신가? 하나님은 아브라함이 축복받을 자격이 없고, 야곱과 다윗이 축복의 자녀로는 부족할지라도 축복을 거두거나 취소하지 않으셨다. 신실하신 하나님은 복을 내리실 뿐만 아니라 우리가 축복하는 자녀가 되기를 원하신다.

그래서 미국 리버티대학교의 엘머 타운즈 교수는 저서 「축복하는 사람이 축복을 받는다」에서 이렇게 말했다. "다른 사람들을 축복할 때 당신은 하나님께서 당신에게 원하시는 일을 수행할 뿐만 아니라 다른 사람들이 그들의 인생을 위한 하나님의 계획과 뜻을 이루도록 도울 것이다."

하나님은 예수 그리스도를 통해 우리를 축복하길 원하신다. 그리고 축복받은 하나님의 백성이 다른 사람을 축복하길 원하신다. 가정이 잘되고 교회가 행복해지고 다른 사람의 미래가 아름답기를 원하는가? 그렇다면 아낌없이 축복하라. 축복하는 대로 하늘의 은총을 누리게 될 것이다.

축복하는 말이야말로 모두가 기쁘고 다같이 행복해지는 양약이다. 주변 사람들을 아낌없이 축복하라. 그러면 당신이 행복해지고 축복을 누리게 될 것이다. 사람은 누구나 행복해지기를 원한다. 인생의 승자가 되었을 때 축하를 받기 원하고, 좌절했을 때 다시 힘을 내도록 믿어주고 위로해주기 원한다. 사람은 모두가 자신을 격려하고 축복해주기를 원한다.

행복한 공동체는 너나 할 것 없이 축복의 말을 한다. 한 사람이 하는 축복의 말은 주변으로 자꾸 전염된다. 축복의 말은 멈추지 않는다. 한 사람의 입에서 또 다른 사람의 입으로 확대재생산된다.

우리의 자녀에게 인삼 녹용보다 더 큰 보약이 되고 힘이 되는 다섯 가지 말이 있다.

"이 세상에서 네가 제일 소중하단다. 우리에게는 네가 제일이야."
"우리는 너를 위해 늘 기도하고 있단다."
"우리는 너를 언제나 사랑한단다."
"우리는 너를 믿는단다."
"우리는 네가 자랑스럽단다."

반대로 우리의 자녀에게 저주가 되는 말 다섯 가지가 있다.

"네가 잘하는 게 뭐 있니?"
"이 멍청한 놈아. 이 바보야!"
"너 때문에 지겨워 못 살겠다."
"마음에 드는 것이 한 가지도 없다."
"내 앞에서 썩 꺼져버려!"

이런 말들은 아이를 망치는 말이기 때문에 절대로 입 밖으로 내뱉어서는 안 된다.

발 없는 말이 천 리 간다. 말은 이 정도로 무섭다. 그러기에 해서 안 될 말은 하지 말아야 한다. "심중에라도 왕을 저주하지 말며 침실에서라도 부자를 저주하지 말라. 공중의 새가 그 소리를 전하고 날짐

승이 그 일을 전파할 것임이니라"(전 10:20). 밤말은 쥐가 듣고 낮말은 새가 듣는다. 공동체 안에서 다른 사람에게 상처줄 수 있는 말, 다른 사람의 기분을 상하게 하는 말, 낙심하게 하는 말은 하지 말아야 한다. 대신 다른 사람을 축복하는 말로 장식해야 한다.

오직 희망만을 말하라

행복한 공동체는 서로에게 건강한 기대를 하고 있다. 기대가 없다는 것은 무관심을 뜻한다. 절망과 포기를 말한다. 과도한 기대는 서로에게 걸림돌이 된다. 기대에 충족하지 않으면 실망하게 된다. 그 실망감은 결국 상처를 낳게 된다. 그러나 서로에 대한 기대가 없다면 거기에는 아무런 희망도 없다. 희망을 품은 공동체는 늘 서로에게 건전한 기대를 하고 있다. 성도는 교역자에게 기대하고 교역자는 성도에게 기대를 건다. 그 기대가 무너질 때 희망도 사라진다.

어려서부터 엉뚱한 일을 일삼던 에디슨은 초등학생 시절 퇴학을 당했다. 학교로 불려 간 에디슨의 어머니에게 담임선생님은 이렇게 말했다.

"어머니, 이 아이는 저능아라서 학교에서는 도저히 못 가르치겠어요. 이 아이는 어머니가 집에서 가르치는 것이 좋겠어요."

에디슨의 어머니는 하늘이 무너지는 것 같았다. 하지만 에디슨의 어머니는 선생님께 침착하게 말했다.

"이 아이가 저능아라니요, 선생님. 이 아이는 호기심이 많은 아이

예요."

그러고는 에디슨에게 말했다.

"에디슨아, 너는 호기심이 아주 많은 아이란다. 너는 그 호기심 때문에 훌륭한 발명가가 될 수 있어. 엄마는 너를 사랑한단다. 네가 자랑스럽다!"

그러면서 꼭 껴안아주었다. 에디슨은 어머니의 이 한마디 말 때문에 인생이 변했다. 인정해주는 말 한마디가 사람을 살리고 사람의 미래를 변화시킬 수 있다. 만약 그때 어머니가 "너는 왜 매일 그 모양이냐"며 꾸중했다면 위대한 발명가 에디슨이 존재할 수 있었을까? 구제불능으로 낙인찍혀 학교에서 쫓겨난 아들에게 어머니는 어떻게 그런 격려의 말을 할 수 있었을까? 어린 아들의 천재성을 이미 발견했던 것일까? 그렇지는 않을 것이다. 그저 아들을 믿어준 것뿐이다.

에디슨은 어머니의 말씀을 평생 마음에 담아 두었다. 그래서 99번의 실패에도 좌절하지 않고 100번째 도전을 할 수 있었다. 누군가 나를 무조건 믿어주고 사랑해주는 것처럼 큰 힘이 세상에 또 있을까?

공동체 안에는 희망이 없는 것처럼 보이는 사람도 있다. 희망을 품을 수 없을 정도로 절망적인 공동체도 있을 수 있다. 그러나 우리는 끝까지 서로에 대한 믿음을 저버리지 말아야 한다. 서로를 향한 희망을 포기하지 말아야 한다. 희망은 긍정적인 말을 하게 한다. 희망은 가능성을 말해준다. 희망은 사랑을 말해준다. 그러한 말들이 결국 희망의 불씨가 된다.

끝까지 희망을 저버리지 않으면 반드시 좋은 결과가 나온다. 사람이 희망이다. 때때로 서로에게 실망할 때도 있지만 사람에 대한 희망을 포기해서는 안 된다. 아무리 희망이 없어 보이는 사람도 기대와 희망의 메시지를 자꾸 듣게 되면 새로운 삶을 개척할 수 있다.

때때로 실패를 했을지라도 "너는 우리의 희망이야. 이번은 실패했지만 다음에는 좋은 결과를 얻을 수 있을 거야. 우리는 널 믿어"라고 말해주라. 인간이 연약하고 부족하기에 때로는 서로에게 실망을 안겨줄 수도 있다. 그래도 희망을 말해주라. "무슨 소리야? 누구나 다 그런 시행착오를 겪는 거야. 그런 일 때문에 희망을 잃으면 안 되지. 너는 누가 뭐래도 우리의 희망이니까."

피그말리온은 고대 그리스의 조각가이다. 그는 아프로디테 여사제들의 문란한 생활을 보면서 결심했다. "나는 평생 독신으로 살겠다." 그의 꿈은 이 세상에서 가장 아름다운 여인을 조각하는 일이었다. 그는 온갖 정성을 다 기울여 조각상을 만들었다. 그리고 그 조각한 여인상에 갈라테이아라는 이름을 붙였다.

그런데 그는 그 조각상과 사랑에 빠지고 말았다. 그는 사랑하는 조각상을 꽃과 보석으로 장식하고 값비싼 옷을 입혀주었다. 조각상을 끌어안고 키스를 하기도 했다. 그에게 조각상은 마치 살아 있는 여인과 같은 소중한 존재였다. 나중에는 심지어 그 조각상을 자신의 아내라고 부를 지경에 이르렀다.

그렇지만 조각상은 어디까지나 조각상일 뿐이지 않는가? 절대 생명체가 될 수 없다. 그는 안타까운 마음에 아프로디테 축제 때 아프로디테 여신에게 기도를 드렸다. "오, 자비하신 신이시여! 바라건대 제게 저 조각상과 같은 여성을 아내로 주소서."

피그말리온의 간절한 기도에 감동한 아프로디테는 그의 청을 들어주었다. 조각상에 생명을 불어넣어 준 것이다. 그리하여 피그말리온은 살아 숨 쉬는 갈라테이아와 결혼하게 되었다.

여기에서 '피그말리온 효과'라는 심리학 용어가 나온다. 그리스 신화에 나오는 조각가 피그말리온의 이름에서 유래한 심리학 용어이다. 타인의 기대나 관심 때문에 능률이 오르거나 결과가 좋아지는 현상을 말한다. 이것은 로젠탈 효과, 자성적 예언, 자기충족적 예언이라고도 한다. 타인이 나를 존중하고 나에게 기대하는 것이 있으면 기대에 부응하는 쪽으로 변하려고 노력하여 그렇게 된다는 뜻이다. 특히 교육심리학에서는 교사의 관심이 학생에게 긍정적인 영향을 미치는 심리적 요인이 된다고 말한다.

되돌아보면 나도 신학대학원 1학년 시절에 전도사로 부임해서 수요예배 설교를 쭉 했었다. 지금 생각하면 '그때 어떻게 설교를 했을까?' 하는 부끄러운 마음도 든다. 그럼에도 하나님이 세우신 말씀의 종이라는 마음으로 열심히 설교했다.

담임목사가 된 지금, 나는 때때로 교육전도사들에게 설교할 기회를 제공한다. 설교가 부담스럽기는 하겠지만 그들에게 아주 좋은 기회가 될 것이다. 수십 년 동안 설교를 들어왔던 성도들 처지에서는 좀 어설플 수 있다. 또 비교될 수도 있다. 그러나 행복한 교회는 설교가 조금 부족하더라도 기대와 희망의 말로 격려해준다.

"전도사님, 오늘 설교 말씀 감사했어요. 앞으로 훌륭한 설교자가 될 것 같아요. 부족하지만 제가 기도해 드릴게요."

이런 말은 전도사들에게 대단한 희망의 메시지다. 전도사를 향한 기대의 메시지는 용기를 불어넣어 줄 것이다. 잘하기 때문에 기대할 수도 있지만 장래의 가능성을 보고서 기대의 메시지를 줄 수도 있다. 때로는 기대되지 않는 사람일지라도 기대의 메시지를 자꾸 심어주다 보면 언젠가는 기대에 부응하는 사람으로 우뚝 서 있을지도 모른다.

현재 상태만 보고 낙심하지 말고 달라질 내일을 기약하며 기대의 메시지를 보내주어야 한다. 안 되는 일만 보고 실망스러운 말을 하지 말고 달라질 미래를 기대하면서 희망을 말해주어야 한다. 단점을 주시하면서 비난하는 말로 실망하게 하지 말고 장점을 보면서 무한한 가능성을 말해주어야 한다.

바나바는 실망스러운 마가 요한을 믿어주었다. 요한은 선교활동을 함께하다가 예루살렘으로 돌아가버렸다. 바울의 측면에서 보면 '저런 사람은 자격이 없는 사람'이라고 생각되었을 것이다. 그래서 다음 선교여행 때 바나바가 "마가 요한도 데리고 가자"고 했을 때, 단호하게 거부했다. 그러나 바나바는 달랐다. 한때는 마가 요한이 바울과 바나바에게 실망을 안겨주었고 크나큰 상처를 주었을지라도 가능성마저 사라진 것은 아니라고 생각했기에 다시 한 번 기회를 주자고 주장했다. 결국 바나바와 바울은 이 문제 때문에 심각하게 다투고 서로 다른 선교의 길을 선택했다. 그러나 기대와 희망을 저버리지 않았던 바나바는 마가 요한을 좋은 사역자로 우뚝 세워주었다.

C·H·A·P·T·E·R·8
행복한 교회는 사람에게 가치를 둔다

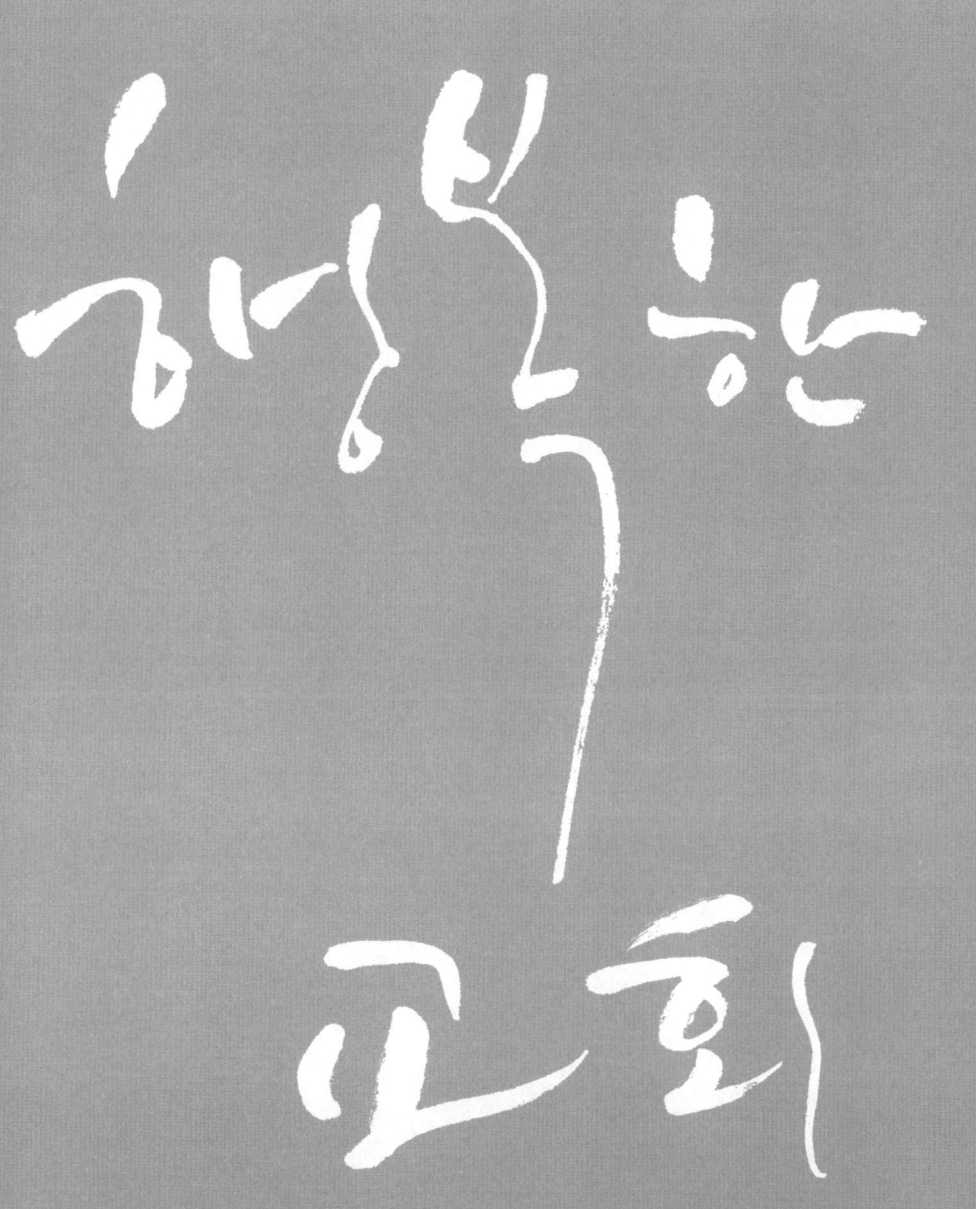

교회에는 일 중심적인 사람이 있는가 하면 관계 중심적인 사람도 있다. 장기적인 관점에서 볼 때 관계 중심적인 사람이 더 효율적으로 일하며 행복한 교회를 세워나간다.

어떤 시각장애인이 있었다. 어느 날 스승에게 밤늦도록 가르침을 받다가 집으로 돌아가게 되었다. 스승은 시각장애인에게 등불을 들려주면서 "조심해서 가라"고 당부했다. 시각장애인은 어이없다는 생각이 들어서 스승에게 물었다.
"장님에게 등불이 무슨 소용이 있습니까?"
그러자 스승이 대답했다.
"자네는 필요 없지만 다른 사람은 자네가 든 등불을 보고 피해 갈 것이 아닌가?"
시각장애인은 스승의 깊은 마음에 감복했다. 그는 등불을 들고 집으로 향했다. 한참 길을 가다가 어떤 사람과 심하게 부딪쳤다. 왜 그랬을까? 그의 손에 등은 들려 있었지만 불이 꺼져 있었기 때문이다.

바울은 일 중심적인 사람이었다. 그럼에도 사람 중심적이었다. 그는 사람을 소중히 여겼다. 그리고 사람에게 희망을 두었다. 행복을 만드는 사람은 사람을 소중히 여기고 사람에게 희망을 둔다. 행복한 교회 역시 그렇다.

사람은 관계 안에서 존재하고 살아간다. 관계를 잘 관리하면 행복하다. 관계가 원만한 사람은 성공적인 인생을 살 수 있다. 교회에는 일 중심적인 사람이 있는가 하면 관계 중심적인 사람도 있다. 일 중심적인 사람은 일의 효율성을 살리기 위해 관계를 훼손시키는 경우가 많다. 관계 중심적인 사람은 관계에 신경을 쓰다 보니 일을 빨리 진척시키지 못하는 것처럼 여겨질 때도 있다. 그러나 장기적인 관점에서 볼 때 관계 중심적인 사람이 더 효율적으로 일하며 행복한 교회를 세워나간다.

사람에게 가치를 두라

우리는 사람의 가치가 소유로 측정되고 계량화되는 슬픈 현실 속에 살고 있다. 그러나 행복한 공동체는 절대 사람의 가치를 간과하지 않는다. 아무리 보잘것없다고 생각되는 사람일지라도 존재의 가치가 무시되면 참기 어려워한다. 그러나 보잘것없이 생각했는데 자신의 존재를 인정받게 되면 그 공동체에 희생하고 헌신하고 싶어진다.

2006년 6월, 팔레스타인 가자지구 접경지역에 주둔해 있던 이스라엘 경비대가 기습공격을 당했다. 팔레스타인 무장세력 하마스가 땅굴을 통해 이스라엘 경계를 넘어와 경비대를 급습한 것이다. 총격전 중에 일단의 하마스 병사들은 이스라엘 병사 한 명을 납치해서 가자지구 쪽으로 사라졌다.

이때부터 납치된 병사를 구하기 위한 이스라엘의 끈질긴 노력이 시작되었다. 5년 이상 끌던 이스라엘과 하마스의 협상이 마침내 타결되어 2011년 10월 18일에 납치되었던 이스라엘 병사 한 명과 이스라엘에 수용되어 있던 1,027명의 팔레스타인 사람들과 교환이 이루어졌다. 병사 한 명의 생환을 위해 이스라엘 측이 수락한 파격적인 교환 조건은 다른 나라 사람들에게는 쉽게 이해되지 않았다. 하지만 이것은 이스라엘 정부가 한 가지 원칙을 고수했기 때문이다. "이스라엘 군인은 포로가 되었건 전사했건 간에 지구 끝까지라도 쫓아가서 이스라엘 본국으로 데려온다."

전사자도 시신을 돌려받아 이스라엘 땅에 묻어준다. 그들에게는 "이스라엘 군인의 생명 가치는 계량화할 수 없다"는 것이다. 어떤 비싼 대가를 치르더라도 단 한 명의 병사도 포기하지 않는 나라가 바로 이스라엘이다. 그래서 작지만 강한 나라이다.

예수님은 한 사람의 가치를 천하보다 귀하게 여기셨다. 우리에 있는 99마리 양도 소중하다. 하지만 길을 잃은 양 한 마리 역시 너무 소중했다. 예수님은 사람의 가치를 경제적인 논리로 계산하지 않으셨다. 손가락질당하는 여인이나 귀신들린 사람도 예수님의 관심 대상이었다.

예수 그리스도의 심장을 가진 바울 역시 사람을 소중히 여겼다. 바울은 한 사람 한 사람에게 주목했다. 사람을 대하는 바울의 태도를 보라. "그러므로 나의 사랑하고 사모하는 형제들 나의 기쁨이요 면류관인 사랑하는 자들아 이와 같이 주 안에 서라"(빌 4:1).

경제 논리에 따라 대형화를 추구하는 오늘날, 우리는 자칫 작은 것의 가치를 잊고 산다. 심지어 사람조차도 그렇다. 대중에게 눈을 돌리다 보면 한 사람에게는 별 관심을 두지 않는다. 더구나 예수님께서 소중하게 여기셨던 '어린 자 하나'쯤이야 관심의 대상도 아니다. 그러나 행복한 교회는 한 사람의 가치를 안다. 한 사람을 소중하게 여긴다.

하나님은 우리를 천국 시민으로 만들기 위해 값비싼 대가를 치르셨다. 독생자 예수 그리스도를 땅에 보내시고 십자가의 죽음으로 내모셨다. 엄청난 아픔과 고통을 지급하고 우리를 천국 시민으로 삼으신 것이다. 그러니 그 가치를 잊지 말아야 한다.

베스트셀러「연금술사」의 저자 파울로 코엘료가 쓴「흐르는 강물처럼」에 이런 이야기가 나온다.

어느 강사가 강의를 시작하기에 앞서 이십 달러짜리 지폐를 들고 학생들에게 물었다.

"이 이십 달러의 지폐를 갖고 싶은 분 있습니까?"

그러자 여러 학생이 손을 들었다. 그것을 보고 강사가 말했다.

"드리기 전에 할 일이 좀 있습니다."

그는 지폐를 구겨 뭉쳤다. 그리고 다시 말했다.

"아직도 이 돈을 가지실 분?"

그런데 학생들은 여전히 다시 손을 들었다.

그러자 그는 구겨진 돈을 벽에 던지고, 바닥에 떨어뜨리며, 욕하고, 발로 짓밟았다. 이제 지폐는 더럽고 너덜너덜해졌다. 그는 같은 질문을 반복했다.

"이렇게 해도요?"

그러나 학생들은 역시 다시 손을 들었다. 강사는 손을 든 학생들에게 말했다.

"이 장면을 잊지 마십시오."

그는 학생들에게 하고 싶었던 말을 하기 시작했다.

"내가 이 돈에 무슨 짓을 했던 그건 상관없습니다. 이것은 여전히 이십 달러짜리 지폐니까요. 우리도 살면서 이처럼 자주 구겨지고, 짓밟히며, 부당한 대우를 받고. 모욕을 당합니다. 그러나 그 모든 것에도 불구하고 우리의 가치는 변하지 않습니다."

사람들은 돈을 좋아한다. 그만한 가치가 있다고 생각하기 때문이다. 그런데 하나님이 당신 안에 감춰둔 가치를 알고 있는가? 비록 이런저런 일들 때문에 구겨졌다고 해서 당신의 가치를 평가절하해서는 안 된다. 그뿐만 아니라 하나님 안에 있는 당신의 가치를 더 아름답게 가꾸어야 한다.

나의 가치가 그러하다면 다른 사람의 가치 역시 같다. 사람을 소중히 여기는 공동체, 사람에게 희망을 거는 공동체가 될 때 비로소 행복이 찾아온다.

그런데 공동체 안에는 다른 사람의 가치를 인정하지 않는 사람들이 있다. 그러면서도 자신에게는 크나큰 가치를 부여한다. 그래서 자신이 제일인 것처럼 생각하고 행동한다. 모든 사람이 자신을 알아주기를 바란다. 그러다 보니 자꾸 자기 목소리만 커진다. 주변 사람들이 "왜 그러느냐?"고 하는데도 자기 고집을 꺾지 않는다. 자신을 너무 귀하게 여기기 때문이다.

내가 소중한 존재라면 남도 소중하다. 내가 가치 있는 존재라면 남은 더 가치 있는 존재일 수 있다. 다른 사람의 가치를 인정한다면 함부로 말하지 않는다. 다른 사람을 소중히 여긴다면 자기 말만 하지 않는다. 자기만 옳다고 주장하지 않는다. 다른 사람의 말에 귀를 기울인다.

아무리 하찮은 존재라 생각될지라도 하나님은 그에게 크나큰 가치를 부여하신다. 그리고 그를 아끼는 사람에게 그는 소중한 존재이다. 많이 알지 못할지라도 그는 소중하다. 잘 생기지 못했을지라도 존귀한 자이다. 아무것도 할 줄 모른다고 생각될지 모르지만 그 사람에게만 있는 장점이 있다. 하나님은 누구에게도 그 사람을 무시할 수 있는 권한을 부여하신 적이 없다.

사람이 희망이다. 왜 그런가? 그 사람에게 그만한 가치가 있기 때문이다. 그가 할 수 있는 일이 있다. 그가 꼭 필요한 곳이 있다. 비록 지금은 어리고 별 볼일 없어 보일지라도 여전히 우리는 그들에게 무엇인가를 기대해야 한다. 기대를 내려놓는 순간 우리는 그들을 무시하게 된다. 지금 공동체에 필요한 사람만 가치 있는 것이 아니다. 지금은 도움이 안 되는 사람처럼 보일지라도 공동체 안에 꼭 필요한 존재일 수 있다. 어쩌면 더 약하고 보잘것없는 존재이기 때문에 더 존귀한 존재인지도 모른다.

"우리가 몸의 덜 귀히 여기는 그것들을 더욱 귀한 것들로 입혀 주며 우리의 아름답지 못한 지체는 더욱 아름다운 것을 얻느니라"(고전 12:23). 덜 귀한 지체를 귀하게 여길 줄 아는 교회, 덜 아름다운 지체를 더 아름답게 만들 줄 아는 공동체야말로 행복한 웃음이 꽃필 수 있는 교회이다.

다른 사람에게 많은 관심을 가지라

인터넷에서 이런 글을 본 적 있다.
아내가 남편에게 말한다.
"여보! 나, 온몸이 다 쑤셔!"
그러자 남편은 퉁명스럽게 대꾸한다.
"몸살이야? 약 먹지 그래."
그런데 아내는 약은 먹지 않고 온몸이 쑤신다고 계속 투덜거린다. 듣다 못 한 남편이 짜증스러운 말투로 말한다.
"아파도 싸지. 먹으라는 약은 안 먹고 왜 병을 키워!"
결국 무심한 남편은 아내를 우울하게 했다.
아내에게 필요한 것이 무엇이었을까? 약이 아니었다. "얼마나 아프니? 참 힘들지?"라는 남편의 관심이었다. 그런데 대부분의 남편이 이걸 잘 모른다. 그러니 사랑받지 못하는 것이다. 작은 관심이 죽어가는 사람을 살리기도 한다.
어떤 남자가 사업에 실패해서 가족과 주변 사람들에게 관심도 받지 못하고 외롭게 지냈다. 그는 늘 자신이 혼자라는 생각이 들었다.

그래서 어느 날 자살을 결심하고 아파트 베란다에서 담배를 피우고 있었다. 담배를 피우고 아파트에서 떨어져 죽을 생각이었다. 그런데 아파트에 들어오던 아내가 남편을 보았다. 평소에는 그렇게 쌀쌀맞게 대하던 아내가 그날 따라 손을 흔들며 말했다.

"여보! 나예요. 사랑해요!"

남자는 아내의 이런 모습을 보고 갑자기 살고 싶은 욕망이 일어났다. 남자는 그대로 뛰어가서 아내를 꼭 껴안고 울었다. 이들 부부는 새로운 인생을 살았다. 때로는 눈빛 하나, 말 한마디, 손짓 하나가 사람을 살리고 죽게 만든다.

하지만 현실은 그렇지 않다. 사랑의 대명사인 가정에서도 관심을 받지 못해 아우성이다. 세상 사람들에게 사랑이 무엇인지를 보여주어야 하는 교회 공동체마저도 관심이 메말랐다. 여기저기서 관심받기를 기다리는 사람은 많지만 정작 관심을 두는 사람은 그리 많지 않다. 그래서 사람들은 외로워하고 불행하게 살아간다.

어느 교회에서 있었던 이야기이다. 어느 날 목사님이 예배를 인도하는 중이었다. 그런데 예배당 가장자리에 테가 매우 큰 괴상한 모자를 쓴 여자 성도가 보였다. 예배드리는 자세로는 좋지 않게 여겨졌다. 그래서 목사님이 집사님 한 분을 가만히 불러서 부탁했다. 그 교인에게 가서 예배할 때에는 모자를 벗는 것이 예의라고 일러주라고.

집사님이 그 교인에게 다가가서 조심스럽게 말했다.

"성도님, 하나님께 예배드릴 때는 모자를 벗는 것이 예의입니다. 모자를 좀 벗어주시겠습니까?"

집사님은 매우 정중하게 이야기했다. 그런데 뜻밖에도 그 성도는 너무나도 고마워했다. 내심 의아해진 집사님이 예배가 끝난 후에 인사하면서 물었다.

"왜 그렇게 고마워했습니까?"

그러자 그 여성도는 이렇게 말했다.

"제가 이 교회에 출석한 지 6개월쯤 되었습니다. 그런데 그동안 아무도 제게 말을 걸어주지 않았습니다. 그런데 오늘 당신이 처음으로 저에게 말을 걸어주어 너무나 고마워서 그랬습니다."

혹시 자신에게 아무런 관심도 주지 않는 것이 섭섭해서 관심을 끌기 위해 그렇게 하지는 않았을까? 안타까운 현실이다.

사람은 누구나 다른 사람에게서 관심을 받고 싶어한다. 어린아이는 부모의 관심을 끌려고 이상한 행동을 하기도 한다. 심지어는 애완동물도 주인의 관심을 끌려고 애교 떨며 이상한 행동을 하기도 한다. 식물도 꽃가루받이를 위하여 벌이나 나비, 다른 동물의 관심을 끌려고 꽃잎이나 향기, 색과 모양으로 유혹한다. 그야말로 온통 관심에 집중되어 있다.

만일 어느 모임에 참석했는데 아무도 아는 척하는 이가 없으면, 얼마나 무안한가? 섭섭해서 다음에는 가고 싶지 않을 것이다. 하나님의 사랑을 먼저 받은 우리가 친척에게, 친구에게, 이웃에게 먼저 관심을 가져야 한다.

행복한 교회가 되려면 교회 공동체에 들어오는 이들로 하여금 소외감을 느끼지 않게 해야 한다. 식당에서 함께 밥을 먹어주는 사람이 필요하다. 전도회나 구역 모임에 함께 참여하자고 적극 권유하는 사람이 필요하다. 함께 차를 마시고 이야기를 나눌 사람이 있어야 한다. 그렇지 않으면 교회에 오는 재미를 붙일 수가 없다. 물론 교회는 재미로 오는 곳이 아니다. 그러나 재미없는 교회는 더는 가야 할 필요성을 느끼지 못한다. 그 재미가 어디에서 오는가? 서로에 대한 관심에서 나온다.

내가 건넨 따뜻한 말 한마디, 작은 관심이 가족과 친척, 친구와 이웃의 삶을 변화시킬 수 있다. 사랑이 식어 각박하고 삭막한 이 시대에 교회의 지체된 우리가 따뜻한 말과 작은 관심으로 신뢰를 심어가고 사랑을 심어가야 한다.

스테판 에셀은 「분노하라」는 책에서 "무관심은 최악의 태도"라고 말했다. 그러면서 현시대 젊은이들의 무관심을 심각하게 지적한다. 관심 없이 보면, 보면서도 아무것도 보이지 않는다. 그러나 눈앞에 대상이 없어도 눈만 감으면 보이는 사람이 있다. 보려는 마음이 가슴에 꽉 차 있기 때문이다. 교회에는 이런 관심이 필요하다.

사랑의 반대말이 무엇인가? 어떤 이는 금방 "미움이죠. 증오입니다"라고 대답할 것이다. 그러나 사랑의 반대말은 '무관심'이라고 한다. 관심 없는 것이 자신의 인생을 불행하게 만든다. 다른 사람을 외롭게 만들고 상처를 준다. 무관심으로 뒤범벅된 교회는 필연적으로 불행하다.

그러나 서로에게 관심을 두는 공동체는 아름답다. 행복하지 않으래야 행복하지 않을 수가 없다. 다른 사람에게 관심을 둘 줄 아는 사람이 성공적인 인생을 살아간다. 자신에게만 관심을 두는 사람은 어디에서도 주목받을 수 없다. 사람은 자기에게 관심을 두는 사람에게 다가가기 마련이다.

뉴욕대학교에서 단편 소설을 직접 쓰는 과목을 개설한 적이 있었다. 하루는 한 잡지사의 편집장을 초청해서 특강을 듣게 되었다. 수업 시간에 편집장이 학생들에게 말했다.

"매일 수없이 많은 소설 원고가 제게로 배달됩니다. 하지만 원고의 몇 장만 훑어보아도 작가가 타인에게 관심이 있는지 없는지 금세 알 수 있습니다. 남에게 관심 없는 사람이 쓴 글은 다른 사람의 관심을 끌지 못합니다. 유명한 소설가가 되고 싶다면 반드시 타인에게 관심을 두어야 합니다."

다른 사람에게 관심을 두지 못하는 사람은 스스로 고립된다. 도움이 필요할 때 도움을 받을 수도 없다. 그래서 중국의 베스트셀러 작가 루화난은 「마음을 다스리는 인생철학」에서 이렇게 말했다. "우리가 다른 사람에게 관심을 둘 때, 비로소 다른 사람도 우리에게 관심을 둔다. 그리고 어딜 가나 누구에게 환영받는 사람이 되고 싶다면 이 한 가지 원칙을 기억하라. 마음을 다해 남들에게 관심을 기울여라." 그뿐인가? 다른 사람에게 관심을 두지 않는 사람은 다른 사람의 인생에 불행을 안겨줄 뿐만 아니라 인류 발전에도 큰 해악을 끼친다.

아름다운 공동체는 건물이 멋있는 게 아니다. 행복한 공동체는 멋진 시설을 갖추고 있어서 행복한 공동체가 아니다. 행복한 공동체가 행복한 공동체인 것은 아름다운 사람들이 있기 때문이다. 아름다운 사람은 다른 사람에게 관심을 두고 사는 사람이다. 행복한 공동체를 만들고 싶다면 이제부터라도 서로에게 관심을 높여야 한다. 그래야 머물고 싶은 공동체가 될 수 있다.

하나님을 존중하듯 다른 사람을 존중하라

하나님께서 선언하셨다. "나를 존중히 여기는 자를 내가 존중히 여기고 나를 멸시하는 자를 내가 경멸하리라"(삼상 2:30). 잘되기 위해서는 하나님을 존중해야 한다. 그러나 이스라엘 백성들은 어떠했는가? "내가 아버지일진대 나를 공경함이 어디 있느냐. 내가 주인일진대 나를 두려워함이 어디 있느냐"(말 1:6).

하나님을 존경하지 않고 멸시한 결과는 무엇인가? 노력해도 헛수고가 되는 인생을 살았다. "너희가 많이 뿌릴지라도 수확이 적으며 먹을지라도 배부르지 못하며 마실지라도 흡족하지 못하며 입어도 따뜻하지 못하며 일꾼이 삯을 받아도 그것을 구멍 뚫어진 전대에 넣음이 되느니라"(학 1:6).

헛된 인생을 살고 싶지 않다면 하나님을 존경하고 공경하는 삶을 살아야 한다. 그런데 여기에 매우 중요한 원리가 있다. 눈에 보이지 않는 하나님을 존중하는 방법은 무엇인가? 그것은 하나님이 보내신 사람들을 존중하는 것이다. 눈에 보이는 사람을 존중함으로써 하나님을 존경하는 것을 보여주어야 한다.

그래서 존 비비어는 「존중」이라는 책에서 이렇게 말했다. "형통의 복을 누릴 수 있는 사람은 바로 하나님이 내게 주신 모든 사람과 권위를 존중하는 것이다. 하나님은 그것을 하나님을 존중하는 것으로 인정하신다." 그러면서 그는 이렇게까지 말했다. "권위 있는 사람에게 부당대우를 당하거든 아주 감격해도 좋다. 보상의 준비단계이기 때문이다."

그런데 우리 주변에는 다른 사람의 가치를 평가절하하는 사람이 많다. 자신을 너무 존중한 나머지 상대방을 깎아내리고 헐뜯고 비난한다. 필요하다면 상대방의 치부를 건드리기도 한다. 다른 사람의 약점과 허물을 들추어냄으로써 자신을 과시하고 인정받으려고 한다.

다른 사람을 존중하지 않고 무시하는 사람은 절대 성공적인 인생을 살 수 없다. 다른 사람을 존중하는 자가 형통하게 된다. "그러므로 무엇이든지 남에게 대접을 받고자 하는 대로 너희도 남을 대접하라. 이것이 율법이요 선지자니라"(마 7:12). 이 말씀은 유독 대접하는 일에만 국한되는 원리가 아니다. 인생 전반에 걸친 원리이다. 존중받고자 한다면 다른 사람을 존중하면 된다. 다른 사람을 경멸하는 사람은 다른 사람으로부터 경멸을 받게 된다.

다른 사람에게 무시당해도 될 만큼 못난 사람은 없다. 다른 사람에게 무시당해도 아무렇지 않을 정도로 마음 좋은 사람도 없다. 사람이라면 누구나 다른 사람으로부터 존경받고 싶은 갈망을 갖고 있다.

유명한 심리학자 아브라함 매슬로우는 '인간 욕구 단계설'을 주장했다. 그는 인간은 본래 일정한 내적 욕구를 가지고 태어나며 이 욕구를 충족시키기 위해 노력한다는 것이다. 그리고 그가 주장하는 인간 욕구 단계는 다음과 같다. "첫째, 생리적인 욕구이다. 둘째, 안전의 욕구이다. 셋째, 소속과 사랑의 욕구이다. 넷째, 존중의 욕구이다. 다섯째, 자아실현의 욕구이다."

사람들은 일차적인 생리적인 욕구에서 자아실현의 욕구로 나아가기를 원한다. 그래서 행복한 공동체는 인간의 욕구를 충족시켜주기 위해 애쓴다.

교회 가운데에는 목회자를 존중하는 교회가 있는가 하면 목회자를 무시하는 교회도 있다. 어느 교회는 담임목사가 부임하기 위해 이사를 하는데 교인들이 관심조차 두지 않는다. 돈이 아까워서 사택을 꾸미지도 않고 맞이한다. 그런데 어떤 교회는 이사를 위해 만반의 준비를 한다. 장로님 가운데 휴가를 얻어 교회에 나오신 분도 있다. 목사님을 모시기 위해 차를 보낸다. 성도들이 목사님 가족과 일하는 인부들을 위해 정성껏 식사를 준비한다.

이 말을 듣는 순간, 당신의 마음은 어떤가? '역시 목사에게 잘하라고 잔소리 하는군.' 그렇게 생각할 수도 있다. 그러나 나는 지금 존중의 문제를 말하고 있다. 교회와 성도들은 마땅히 성도의 영적인 유익을 위해 하나님께서 세우신 목회자를 존중해야 한다는 것이다. 그렇지 않으면 영적인 유익이 없기 때문이다.

생각해보라. 두 교회 가운데 어떤 교회가 은혜로운 교회일까? 어떤 성도들이 목회자의 입에서 나오는 하나님의 말씀으로 말미암아 풍성한 삶을 살아갈까? 행복한 교회는 상호 존중하는 체질을 갖고 있다.

감리교를 창시한 두 분의 목회자가 있다. 존 웨슬리와 조지 휘트필드이다. 두 사람은 당대에 대단한 영향력을 끼쳤던 라이벌이었다. 그뿐만 아니라 두 사람은 신학에 대한 이해도 서로 달라서 갈라질 수밖에 없었다.

두 사람의 신학이 다르다는 사실을 알았던 한 사람이 어느 날 조지 휘트필드에게 물었다.

"목사님은 웨슬리 목사님과 신학과 진리에 대한 이해가 다른데,

목사님께서 천국에 가시면 웨슬리 목사님을 만나실 수 있을까요?"

그러자 휘트필드가 이렇게 대답했다.

"아마도 우리는 천국에서 웨슬리를 보지 못할 것입니다. 왜냐하면 웨슬리는 하나님의 보좌 가장 가까운 곳에 앉아 있을 것이고, 우리는 멀리 떨어져 있을 것이기 때문입니다."

조지 휘트필드는 웨슬리와 신학적인 입장이 달랐다. 그래서 격렬한 논쟁을 하고 서로 결별하기도 했다. 그럼에도 그는 웨슬리의 능력과 영향력을 인정해주고 그를 존중했다.

상대방을 존중하지 않을 때 어떤 일이 일어나는지 아는가? 인격 모독을 당할 때 감당할 수 없는 분노가 일어난다. 누군가 자존심을 건드리면 정말로 참고 견디기 어려워진다. 누군가 자신을 무시할 때 엄청난 분노가 일어난다. 그 분노를 참지 못하면 서로 싸운다.

존중은 사람이 가진 가치를 인정하는 것이다. 다른 사람을 하나님의 시각으로 바라보는 것이다. 하나님께서 그 사람을 어떻게 바라보고 계시는지를 아는 사람이 다른 사람을 존중할 수 있다. 하나님께서 대하는 식으로 사람들을 대하라. 존중은 나보다 남을 낫게 여기는 것이다. "아무 일에든지 다툼이나 허영으로 하지 말고 오직 겸손한 마음으로 각각 자기보다 남을 낫게 여기고"(빌 2:3).

다른 사람을 존중하는 삶은 어떻게 나타나는가? 상대방의 인격과 그의 존재 가치를 존중한다. 다른 사람의 생각과 의견을 무시하지 않는다. 다른 사람의 감정을 존중한다. 다른 사람이 하는 사역을 존중한다. 다른 사람이 가진 가능성과 잠재력을 인정한다. 다른 사람이 하는 말을 무시하지 않고 존중한다.

자기가 최고인 줄 알고 다른 사람을 무시하는 사람은 공동체를 해친다. 남들이 하는 사역은 무시하면서 자기가 하는 스타일과 방법만을 최고로 여기는 사람은 공동체를 불행하게 만든다. 자신의 능력이 대단할지라도 다른 사람을 존중해서 자기 것을 내려놓고 포기할 수 있는 사람이 교회를 행복하게 만든다. 하나님을 존경하듯이 다른 사람을 존경하는 사람은 하나님과 사람들에게 존귀히 여김을 받게 될 것이다.

다른 사람을 돌보라

　　　　　하나님은 우리를 자기 자녀로 입적시켜주셨다. 입양된 우리는 고아처럼 버려지지 않았다. 늘 하늘 아버지의 돌보심을 받으면서 살아간다. 한순간도 하나님의 돌보심을 피해서는 살 수 없다. 이스라엘 백성들이 애굽에 있을 때도 신실하게 돌아보셨다. 그뿐만 아니라 광야를 걸을 때도 세심하게 그들을 돌아보셨다.
　사도 바울은 빌립보교회 성도들에게 예수 그리스도의 마음으로 이렇게 말했다. "아무 일에든지 다툼이나 허영으로 하지 말고 오직 겸손한 마음으로 각각 자기보다 남을 낫게 여기고 각각 자기 일을 돌볼 뿐더러 또한 각각 다른 사람들의 일을 돌아보아 나의 기쁨을 충만하게 하라"(빌 2:3-4).
　아름다운 공동체에는 다른 사람의 일을 돌보는 사람이 있다. 디모데나 에바브로디도는 다른 사람의 일을 내일처럼 돌보는 사람들이었다(빌 2:19-30). 그래서 바울은 그들을 자랑스러워했고 그들을 신뢰했다. 교회 공동체를 세워나가는 사람은 바로 다른 사람을 돌보는 사람이다. 자기 몸이 병든 지경에서도 자기 몸은 돌보지 않고 다른 사람을 돌보는 일에 헌신했던 디모데와 에바브로디도는 바울에게 뿐만 아니라 빌립보교회 성도들에게 감동을 주었다.

사람은 돌봄을 통해 성장한다. 돌봄은 필요를 채워주는 일이다. 돌봄은 상대방의 필요를 알고 구체적인 도움을 주는 일이다. 돌봄을 통해 힘없는 자가 힘을 공급받는다. 지친 자가 용기를 얻는다. 기쁨과 살맛을 경험한다. 그래서 어머니가 자기 자식을 돌보는 것처럼 섬세하게 다른 사람을 돌봐주는 사람이 필요하다. 공동체 안에 꼭 필요한 사람이 있다면 바로 다른 사람의 필요를 돌보는 도우미이다.

미국의 찰스 콜슨은 예수님을 알기 전에 닉슨 대통령의 보좌관으로 일했다. 그러나 그가 거듭난 후에는 교도소 전도자로 사역했다. 그는 자신이 쓴 책에서 미국 의회 역사상 가장 감동적인 순간에 관해 이야기했다. 바로 테레사 수녀가 미국 국회를 방문하여 연설했던 때였다.

미국 사람들은 대부분 연설할 때 연설자에게 박수를 아끼지 않는다. 그런데 이상하게도 테레사 수녀가 연설을 마치자 그 누구도 박수를 치지 않았다. 오히려 침묵만이 감돌았다. 왜? 숨 막히는 감동과 전율이 그들의 가슴과 목을 누르고 있었기 때문이다. 그들은 박수를 칠 여유조차 없었던 것이다. 무엇이 그러한 감동과 전율의 순간을 만들었을까? 그것은 테레사 수녀가 마지막에 던진 한마디 때문이었다.

"섬길 줄 아는 사람만이 다스릴 자격이 있습니다."

사람들은 다스리는 자리에 올라가려고 애쓴다. 교회에서조차도 그렇다. 장로가 되면 남자로서 끝까지 갔다고 생각한다. 남자가 장로가 되는 것은 회사에서 CEO가 된 것처럼 여긴다. 여자로서 권사가 되면 이제 해먹을 것 다 해먹었다고 생각한다.

하지만 뭔가 한참 착각하고 있다. 그럴수록 더 겸손하게 섬기는 종이 되어야 함을 잊고 있다. 세상 통치자와 교회 지도자의 차이가 바로 이것이다. 섬기는 자가 큰 자이다. 종으로서의 사명을 잘 감당하는 사람이 다스리는 지도자의 자격이 있다.

어떤 가정에서 있었던 일이다. 아빠는 언제나 직장일 때문에 늦었다. 과로로 아빠의 얼굴은 늘 지쳐 있었다. 집에 들어오자마자 잠자리에 들곤 했다.

어느 날 밤늦게까지 아빠를 기다리고 있던 어린 아들이 아빠에게 물었다.

"아빠! 아빠는 회사에서 일하면서 한 시간에 얼마나 벌어요?"

옆에 있던 엄마가 아들에게 말했다.

"얘야, 아빠는 무척 피곤하시단다. 네가 그런 걸 알아서 뭐 하려고 그러니?"

그러나 아들은 계속해서 떼를 썼다. 그러자 아빠가 대답했다.

"아빠는 한 시간에 만 원을 번다."

그러자 아들이 말했다.

"그럼 아빠, 제게 5천 원만 꿔줄 수 있어요?"

아빠는 별 시답지 않은 소리를 한다고 무시한 채 방으로 들어갔다. 그런데 왠지 아들에게 미안한 마음이 들었다. 결국 아빠는 자는 아들

머리맡에 5천 원을 놓아주려고 아들 방으로 갔다. 아들은 아빠가 오자 잠에서 깼다. 그리고 자신의 저금통에서 5천 원을 꺼냈다. 아빠가 준 5천 원과 합한 만 원을 아빠에게 내보이면서 말했다.

"아빠, 이젠 저랑 한 시간은 놀 수 있는 거죠?"

함께 놀아줄 사람을 기다리는 아이처럼 우리 주변에는 함께 있어 줄 그 누군가를 기다리는 성도가 많다. 사랑을 기다리고 있다. 돌봄을 기다리고 있다. 실직의 아픔으로 하루하루를 힘겹게 살아가는 사람들이 누군가의 돌봄을 필요로 하고 있다. 사춘기 아이들이 방황하며 탈선의 길로 빠져들어 아파하는 부모들이 있다. 누구에게도 속사정을 이야기할 수 없다. 남모르게 속을 앓고 있다. 사랑하는 사람들을 일찍 보내고 외로움에 밤을 새우는 지체들도 있다. 밤이 되면 찾아오는 외로움을 달랠 길이 없다.

그런데 공동체 안에서 이런 아픈 이야기를 서로 나눌 수가 없다. 왜? 허물이 되기 때문이다. 이런 일이 알려지면 가십거리가 되기 때문이다. 아픔이 허물이 되는 공동체이다 보니 그 누구도 서로를 향해 마음을 열려 하지 않는다. 아예 마음을 닫고 살아가는 것이 편하다고 생각한다.

장례가 나면 서로 팔을 걷어붙이고 조문객을 위해 섬겨주는 구역원과 전도회원들이 있어야 한다. 아픈 마음을 어루만져주고 보듬어주는 권사님들이 있어야 한다. 넓은 가슴에 얼굴을 파묻고 상실의 아픔 때문에 울 수 있는 그 누군가가 필요하다.

바울은 오네시보로의 가정에 감사하는 마음을 표현하고 있다. "아시아에 있는 모든 사람이 나를 버린 이 일을 네가 아나니 그중에는 부겔로와 허모게네도 있느니라. 원하건대 주께서 오네시보로의 집에 긍휼을 베푸시옵소서. 그가 나를 자주 격려해 주고 내가 사슬에 매인 것을 부끄러워하지 아니하고 로마에 있을 때에 나를 부지런히 찾아와 만났음이라. (원하건대 주께서 그로 하여금 그날에 주의 긍휼을 입게 하여 주옵소서). 또 그가 에베소에서 많이 봉사한 것을 네가 잘 아느니라"(딤후 1:15-18).

왜 그런가? 오네시보로는 바울의 마음을 유쾌하게 해준 사람이었다. 바울이 로마 감옥에 갇혀 있을 때 부지런히 찾아와서 돌봐주었다. 그래서 잊을 수가 없었다. 사람들에게 자랑하고 싶고 추천하고 싶었다. 물론 오네시보로는 에베소교회의 장로가 되었다. 그리고 네 아들은 법관과 고위관료가 되었다. 에베소 지방에서 명문가를 이룬 셈이다. 그렇다. 다른 사람을 돌아보는 사람은 결국 축복을 누리게 된다. 그것도 가정이 통째로 누리는 축복을!

CHAPTER·9
행복한 교회는 서로 소통한다

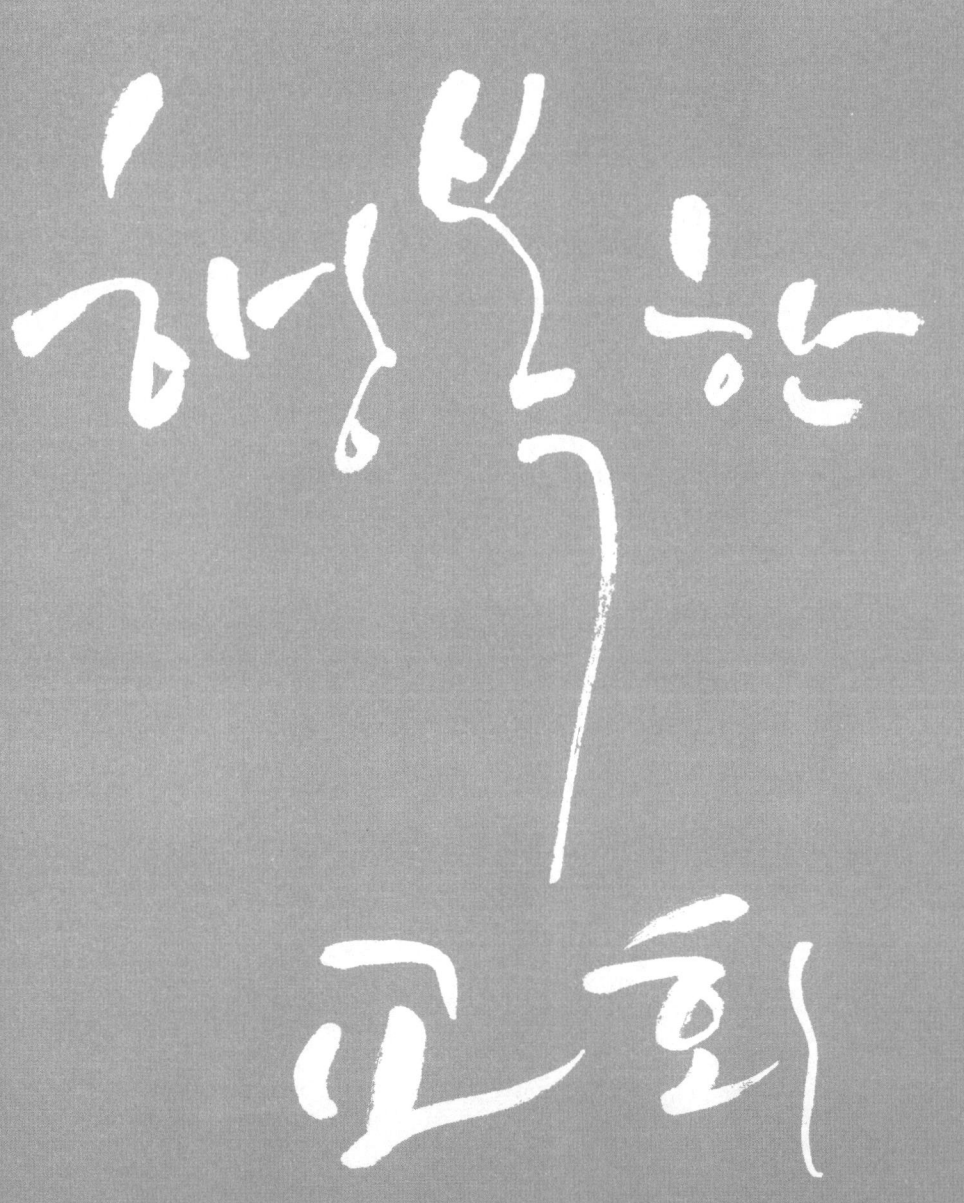

소통은 말로 하는 것이 아니다. 진심이 담긴 마음과 행동으로
해야 한다. 논리나 이성으로 하는 것이 아니라 가슴으로 하는 것이다.
감동과 은혜가 나타날 때 진정한 소통이 가능하다.

일본 요코하마에 엘리베이터교회가 있다. 사사키 다쿠야 목사는 개척 3년 만에 출석 학생수만 400명이 넘는 부흥을 일궈 일본을 놀라게 했다. 사사키 목사는 학생 시절 한국에서 열린 집회에서 목회자의 소명을 받고 신학을 공부했다. 기도하던 중, 일본 청소년들에게 복음을 전하고자 하는 소명을 품게 되었다.

일본에서 기독교 이미지는 좋지 않았다. 그래서 그의 친동생마저 학교에서는 기독교인임을 숨길 정도였다. 그의 여동생은 오빠의 마음을 이해해주었다. 그러나 여동생이 전도에 열심을 내면서부터 엘리베이터교회는 부흥하기 시작했다. 동생은 열심히 반 친구들을 교회로 데려왔다. 그때마다 그는 교회란 누구나 언제든 올 수 있는 편안한 공간임을 알려주기 위해 노력했다.

결국 편안한 이미지의 교회가 학생들에게 먹혔다. 학생들은 예배가 없는 날에도, 기도회가 있지 않아도 교회를 모임 장소로 생각하면서 들락거렸다. 그러면서 목사와도 친해졌고 저절로 복음이 전해졌다. 이제는 학생들이 자진해서 친구들을 전도해온다. 그들은 공공연히 자신의 신앙을 피력할 정도로 믿음이 성장했다.

교회는 세상과 소통해야 한다. 세상과 소통하지 않는 교회는 부흥할 수 없다. 아니, 살아남을 수 없다. 그뿐만 아니라 교회 안에서도 소통이 원활하게 이루어져야 한다. 그런데 오늘날 많은 교회는 불통으로 불신이 팽배하다. 목회자와 리더 간에 그렇고, 젊은이와 어른들이 그렇다. 이래서는 행복을 맛볼 수 없다. 지체 간에 서로 걸림 없이 편안한 마음으로 소통할 수 있는 교회가 되어야 한다. 그럴 때 불신자들이 찾아와서 정착하고 행복을 느낄 수 있게 된다.

소통에 사활을 걸라

어떤 사람이 이런 이야기를 했다. 한 친구가 유학을 가는데 "이수만 테이프를 선물해달라"고 부탁했다. 그 말을 듣는 순간, 이수만은 상당히 오래된 가수인데 취향도 참 특이하다고 생각했다. 그러면서도 이수만 테이프를 사서 친구에게 전해주었다. 그런데 선물을 받은 그 친구는 상당히 당황스러워했다. 알고 보니 자기는 이수만 테이프가 아니라 이승환 테이프를 사달라고 한 것이다. 의사소통이 잘 안 되는 바람에 엉뚱한 선물을 해준 것이다.

최근 경영학에서 통(通)의 리더십이 강조되고 있다. 직원과 통하지 않고서는 기업을 경영할 수 없기 때문이다. 소통이 기업의 성패를 갈라놓는 열쇠이다. 미래 경영은 직원의 생각이나 지식, 정보나 아이디어를 얼마만큼 모을 수 있느냐에 따라 판가름 난다고 한다. 그러기 위해서는 소통이 되어야 한다는 것이다.

칩 히스 교수가 쓴 「스틱」이라는 책에 보면 '지식의 저주' 라는 표현이 나온다. 전문가는 일반 사람보다 세 걸음쯤 앞서서 생각하는 경우가 많은데, 그렇게 되면 상대방은 전혀 이해하지 못하게 된다는 것이다. 그래서 소통되지 않는 지식은 소용없는, 즉 저주가 된다는 뜻이다.

어쩌면 교회는 지식의 저주에 빠진 것이 아닐까? 교회는 큰소리로 외치지만 불신자들은 관심도 없고 이해하지도 못한다. 통하지 않는 복음이 되어버린 것이다. 강단에서는 많이 외치지만 성도들은 알아듣지도 소화하지도 못한다. 지식의 저주 현상에 빠진 것이다. 이곳에서 탈피하는 방법은 소통의 기술을 익히는 것뿐이다.

비기독인들은 교회가 세상과 무관하게 자신들만의 게토를 만들어 간다고 비난한다. 심지어 노상이나 지하철과 같은 공공장소에서 "예수 천당, 불신 지옥"을 외치는 전도자를 보면서 무례한 기독교라고 헐뜯기까지 한다. 독선적인 기독교(?)는 더는 물러설 수 없는 벼랑 끝에 몰려 있다.

소통의 문제는 시급하다. 교회는 이제 성육신 모델을 보면서 세상과 소통하는 기술을 계발해야 한다. 소통이 없는 곳에는 감동도 없다. 감동이 없으면 움직임도 없다. 교회는 감동을 불러일으키는 구체적인 행동을 통해 세상 사람들이 매력을 느끼게 해야 한다. 그렇지 않고 구호만 외치는 전도방식으로는 절대 세상과 소통할 수 없다.

교회 안에서도 소통이 이뤄지지 않는 현상을 자주 본다. 목회는 소통이다. 목사와 장로가 서로 통하지 않아서 목회에 어려움을 겪는다. 서로 꽉 막힌 벽을 허물지 못하면 결국 교회는 전쟁의 소용돌이에 휩싸이게 된다. 성공적인 사역은 바로 효율적인 소통에 달렸다. 비전을 함께 나누고 성도의 가슴에 있는 이야기를 들어야 한다.

절대적인 것이 무너지고 있는 포스트모더니즘 사회에서 더는 권력과 힘으로 누르려고 해서는 안 된다. 소통을 위해서는 힘을 내려놓아야 한다. 중고생을 대상으로 설문조사를 했다. "자상한 아버지가 좋은가, 아니면 돈 잘 버는 아버지가 좋은가?" 그런데 놀랍게도 돈 잘 버는 아버지가 더 좋다는 의견이 훨씬 많았다. 참 재미있는 현상이다.

그래서 작가 이철환 씨는 저녁 식사를 하다가 딸아이에게 물었다.

"아빠가 한 가지 물어볼 게 있는데 솔직히 말해줘야 해."

딸아이는 진지한 눈빛으로 아빠의 물음을 기다렸다.

"누가 너한테 자상한 아빠가 좋니, 아니면 돈 잘 버는 아빠가 좋니? 그렇게 묻는다면 너는 뭐라고 대답할 거니?"

아이는 머뭇거렸다. 잠시 후 딸아이는 대답했다.

"자상하면서 돈도 잘 버는 아빠."

아빠는 슬며시 웃음이 나왔다. 돈 잘 버는 아빠라고 말하지 않아 다행이었다. 그런데 잠시 후에 딸아이가 다시 말했다.

"아빠가 돈이 없으면 예쁜 옷도 살 수 없고 신발도 살 수 없으니까 당연히 자식들이 싫어하지. 돈 없으면 친구들 앞에서도 늘 기죽어 지내야 하니까 그것도 싫을 거고. 그러니까 둘 중의 하나만 고르라면 자상한 아빠보다 돈 잘 버는 아빠가 좋다고 말하는 아이도 많을 것 같은데…."

이러한 세대와의 소통이 결코 쉬운 일은 아니다. 세대와 지역, 빈부 간의 소통도, 가족 간의 소통도 쉽지 않다. 서로 취향이 다르고 기질도 다른 사람들이 소통하는 것이 어디 쉬운 일이겠는가!

그러나 소통은 말로 하는 것이 아니다. 진심이 담긴 마음과 행동으로 해야 한다. 논리나 이성으로 하는 것이 아니라 가슴으로 하는 것이다. 법으로는 소통이 이루어지지 않는다. 감동과 은혜가 나타날 때 진정한 소통이 가능하다. 소통은 자신을 상대방에게 내주려는 마음에서 일어날 수 있다. 자기 입장만 고집하지 않고 처지를 바꿔보는 역지사지의 마음에서 출발한다. 잘못을 구태여 변명하지 않고 진심으로 사과하는 태도가 바로 소통을 이루는 비결이다.

소통의 가장 근본은 신뢰와 믿음이다. 신뢰와 믿음은 본심을 진솔하게 보여줄 때 가능하다. 한국 사람은 같이 먹고, 같이 자고, 같이 고생하면 빨리 친해진다. 효과적인 소통을 위해서는 다른 사람의 불만이나 생각, 아이디어나 정보를 다 한 곳에 쏟아 부을 수 있는 장을 만들어보는 것도 효과적이다. 개인과 부서를 뛰어넘어서 말이다.

목회자는 교회 중직자들과 소통하기 위해 사활을 걸어야 한다. 성도들의 목소리를 듣기 위해 노력해야 한다. 예전처럼 전권을 휘두르는 목회방식은 더는 먹히지 않는다. 절대 진리가 무너지고 있다. 신의 절대성까지 침범당하고 있다. 이러한 시대에 목사라는 권위로 눌

러서 되는 목회현장이 어디 있겠는가!

　사역하다 보면 굉장히 지시적이고 권위적인 일꾼을 보게 된다. 다른 사람의 목소리를 듣고 함께 의논하려고 하기 보다는 업무를 전달하고 지시하려고만 든다. 다른 사람의 생각과 의견을 경청하기보다는 무엇인가 말하고 명령하려고만 한다. 자기 생각과 아집으로 똘똘 뭉쳐 있어서 도무지 소통이 되지 않는다. 자기 의견을 관철하려고 억지를 부리니 회의가 되지 않는다. 소통이 원활하게 이루어지지 않으면 사역이 가로막힌다. 그러기에 교회는 주님의 일을 효율적으로 섬기기 위해서라도 막힌 담을 허물고 소통이 원활하게 이뤄지도록 노력해야 한다.

　구태여 회의가 아니어도 괜찮다. 전화로도 얼마든지 가능하다. 메일이나 문자도 유용하게 사용할 수 있다. 페이스북이나 트위터 등 모바일 인터넷의 확대로 다양한 소통의 기술이 개발되고 있다. 소셜 네트워크 서비스(SNS)의 메시지는 이제 정치나 기업뿐만 아니라 교회 안에서도 아주 유용한 소통의 도구로 확산되고 있다. 이러한 다양한 방법을 통하여 효율적인 사역이 이루어지도록 지체 간에 소통을 원활하게 한다면 모든 교인이 원하는 행복한 교회를 만들어갈 수 있지 않을까!

공동의 선을 위해 서로 협력하라

　　　　　　한인이 많이 모여 사는 미국 뉴욕이나 로스앤젤레스에

서 흔히 일어나는 일이라고 한다. 어느 유대인이 생선가게를 하는데 그 옆에 한국 사람이 생선가게를 열었다. 그러면 유대인이 깜짝 놀란다. "어이쿠, 큰일 났구나! 저 사람들은 진짜 부지런한데…. 새벽부터 일하니까 손님 다 뺏기겠구나." 유대인은 걱정이 태산 같아진다.

그런데 그 옆에 또 다른 한국 사람이 생선가게를 열었다. 그러면 유대인은 "이제는 됐다!"고 생각한다. 왠지 아는가? 한국인끼리 서로 경쟁하기 때문이다. 자기네들이 죽는지 사는지도 모르고 경쟁하고 질투하다가 결국에는 둘 다 망할 것을 뻔히 알기 때문이다. 그래서 한국인은 둘만 모이면 싸우고 셋이 모이면 망한다고 한다.

어떤 외국 외교관이 주한대사로 있다가 한국을 떠나면서 의미심장한 말을 남겼다. "똑같은 여건 아래에서는 모든 일본 사람이 모든 한국인을 도저히 당할 수가 없다. 그러나 세 사람의 일본인이 세 사람의 한국인과 맞설 때는 상황이 달라진다."

즉 일대일로 대하면 한국인이 일본인을 이길 수 있다. 그런데 일본인 세 사람이 한 덩어리로 뭉칠 때는 한국인이 그들을 이길 수 없다는 것이다. 한국 사람은 세 사람만 모이면 스스로 방해꾼으로 전락하기 때문이다.

교회는 '한 팀'(one team)이다. 행복한 교회는 사역자들이 한뜻으로 복음의 신앙을 위해 협력함으로써 복음의 진보를 이루어간다. 한 팀끼리 갈라져서야 무슨 일을 이룰 수 있겠는가? 한 지휘관의 지시에 따라 일사불란하게 움직여야 사탄과의 영적 전쟁에서 이길 수 있다. 자기들끼리 싸우다가 스스로 지치거나 자폭하게 된다면 사탄만 기뻐할 것이다. 교회는 어둠의 영과 영적 전쟁을 하기 전에 먼저 교회 안에 하나 된 힘을 비축해야 한다. 그러기 위해 원팀 정신을 가져야 한다.

그러나 현실적으로 교회에서 일하다 보면 어려울 때가 많다. 이 사람이 이것 하자 하면 저 사람이 그럴 수가 없다고 하면서 서로 발목을 잡고 늘어진다. 반대를 위한 반대이다. 네 편과 내 편이 나뉘어 있다. 서로 노선이 다르단다. 노선이 다르니 함께할 수 없고 어울릴 수 없단다. 그러니 좀처럼 공동의 선을 향해서 나아가지 못한다.

교회 안에는 네 가지 유형의 일꾼이 있다. 방해꾼, 방관자, 대적자, 협력자이다.

첫째, 복음의 방해꾼이 있다. 물론 교회 밖에도 복음의 방해꾼이 있다. 그러나 더 힘든 일은 교회 안에 있는 복음의 방해꾼이다. 어떤 일을 하려고 할 때 교회 밖에서 방해하는 것은 오히려 교회 안에 강한 결집력을 불러일으킨다. 그러나 교회 안에서 일어나는 복음의 방해는 많은 에너지와 힘을 빼앗아간다.

둘째, 복음의 방관자가 있다. 하나님의 일을 계획하고 진행하는데 강 건너 불구경하듯 구경만 하는 사람이다. 하나님의 일에는 방관자가 되어서는 안 된다. 방관자는 혼자서 일을 안 하는 것이 아니라 찬물을 끼얹어 공동체 전체에 부정적인 영향을 준다. 그래서 구경꾼은 절대 단순히 한 사람의 문제가 아니다. 교회에서 일어나는 모든 사역은 남의 일이 아니다. 바로 내가 함께 짊어지고 협력해야 할 사역이다. 하나님의 일은 본인이 앞장서고 주도해야 할 일이다.

셋째, 대적자가 있다. 기독교 역사는 복음의 대적자들로 꿈틀거렸다. 대적자들은 적극적으로 그리스도인을 핍박하고 심각한 박해를 가해 왔다. 그래서 많은 순교자를 내기도 했다. 그러나 이러한 대적자들은 오히려 복음과 교회를 순수하게 만들었고 더 기도하고 협력하게 만들었다.

문제는 교회 안에 존재하는 대적자이다. 이들은 목회자와 선한 일꾼을 사사건건 방해하고 문제를 제기한다. 이곳저곳 돌아다니면서 적극적으로 비방하고 중상모략을 일삼는다. 그래서 교인끼리 갈등하고 다투다가 교회가 분열하기도 한다. 이들은 교회를 유익하게 하는 것이 아니라 혼란스럽고 힘들게 한다.

마지막으로 복음의 협력자가 있다. 민들레 영토의 지승룡 사장은 "지금 필요한 사람은 타의 추종을 불허하는 자가 아니라 함께 더불어 협력하는 자"라고 말한다. 좋은 교회에는 목숨 걸고 복음을 위해 적극적으로 협력하는 사람이 많다. 바울 곁에는 눈이라도 빼어줄 정도로 헌신된 성도들이 있었고, 목숨이라도 초개처럼 버릴 각오가 된 충성스러운 일꾼들이 포진해 있었다. 사실 바울이 이룬 업적은 본인만의 업적이 아니었다. 그의 곁에서 충성을 다해 협력했던 복음의 협력자들의 공이기도 했다.

한문에 적우침주(積羽沈舟)란 말이 있다. 새의 깃이라도 쌓이고 쌓이면 배를 가라앉힐 수 있다는 뜻이다. 새의 깃털 하나하나는 지극히 가볍고 적다. 그러나 그것이 쌓이면 큰 함대를 침몰시킬 수도 있다. 작은 힘이라고 무시하지 말아야 한다. 작은 힘이라도 합치면 큰 힘이 된다. 작은 것일지라도 보태지면 큰 힘을 발휘할 수 있다.

교회 안에는 다양한 일꾼이 있지만 자신이 훼방꾼이나 대적자가 되는 것은 크나큰 불행이다. 교회에 덕이 안 된다. 성도들에게 아픔과 고통을 줄 뿐만 아니라 자신과 후손에게 큰 해를 불러온다. 그래서 나는 성도들에게 늘 "교역자와 좋은 관계를 맺으라"고 부탁한다. 왜냐하면 하나님은 교역자라는 통로를 통해서 은혜와 복을 내려주시기 때문이다. 만약 교역자와 좋은 관계로 협력하지 못한다면 그 영혼이 어떻게 되겠는가? 그 영혼이 시들어 죽게 된다면 그 육신과 삶도 대충 짐작할 수 있지 않겠는가?

옛날에 어느 가정에 다섯 형제가 살았다. 이들은 한 배 속에서 나왔지만 너무 달랐다. 그러니 사이가 좋을 리 없었다. 이것을 본 아버지가 다섯 형제를 한자리에 불러 모았다. 아버지는 막대기를 한 묶음 준비했다. 아들들에게 각각 하나씩 나눠주면서 "그것을 꺾어보라"고 했다. 장성한 아들들에게 막대기 하나를 꺾는 일은 어려운 일이 아니었다. 모두들 아주 쉽게 막대기를 꺾었다.

이번에는 아버지가 두 개의 막대기를 나눠주었다. 한 개씩 나눠주었을 때보다는 시간이 걸렸다. 하지만 이번에도 역시 모두 쉽게 막대기를 부러뜨렸다. 그리고 아버지가 계속해서 막대기를 더해주었다. 다섯 형제는 그것들을 계속해서 꺾었다. 막대기가 하나하나 더해질 때마다 그것을 꺾기 위해서는 더 많은 힘을 들여야 했다.

마침내 다섯 개를 꺾어야 할 순간이 되었다. 그러나 아무도 막대기 다섯 개를 꺾지 못했다. 그때 아버지는 아들들에게 하고 싶었던 말을 꺼냈다.

"막대기 하나는 쉽게 부러지지만 하나씩 막대기가 더해지면 더해질수록 더 많은 힘을 들여야 하는 것을 너희가 경험했듯이 너희도 마찬가지란다. 너희가 따로따로일 때는 쉽게 무너지지만 다섯이 함께

뭉치게 되면 어떤 어려움도 너희를 무너뜨릴 수 없을 것이다."

형제가 하나로 모여 협력하면 서로에게 큰 힘이 될 수 있다. 그러나 형제가 협력하지 못하면 엄청난 고통과 아픔에 시달리게 된다. 공동의 선을 위해 개인주의를 극복해야 한다. 공동체의 덕을 위해 서로의 생각과 감정을 내려놓고 협력해야 한다.

어느 월요일 새벽기도회 때였다. 부목사님이 인도하여 찬송가 313장을 부르는데 음정을 좀 낮게 잡았다. 잠시 동안 전체적인 웅성거림이 있었다. 그러나 성도들은 하나 둘 목사님의 음정에 맞추어 부르기 시작했다. 그런데 나의 아내는 2절을 들어가는데도 다른 음정을 내고 있었다. 그래서 나는 옆에 앉은 아내 팔을 만지면서 사인을 보냈다. 음정을 맞추라는. 화목한 공동체는 자기 음정을 계속 고집하면서 '왜 그렇게 하느냐?'고 비난하지 않고 음정을 맞추려는 노력을 한다. 누군가 튜닝하려는 의지가 있어야만 하모니가 이루어질 수 있다.

서로 한발씩 양보하라

흑백텔레비전 시절의 광고이지만 잊지 못할 훈훈한 광고가 있었다. 프라이보이 곽규석과 꺽다리 구봉서가 라면 한 그릇을 앞에 놓고 서로 실랑이를 벌인다. "형님 먼저!" "아우 먼저!" 이들은 서로 먼저 먹으라며 그릇을 상대방 앞으로 내민다. 각박한 오늘날에는 찾아보기 어려운 인간미 넘치는 아름다운 풍경이다.

이삭은 온유한 성품을 지닌 사람이다. 그는 평화주의자였다. 블레

셋으로 가서 지낼 때였다. 하나님은 이삭에게 엄청난 복을 내려주셨다. 그러자 그랄 지방의 사람들이 그에게 시비를 걸고 협박했다. 그러나 그는 화를 내거나 그들과 더불어 다투지 않았다. 심지어 그들은 몇 차례에 걸쳐서 우물을 메우고 약탈했다.

이삭은 그때마다 우물을 양보하고 다른 곳으로 옮겨 또다시 우물을 팠다. 중동지역에서 우물을 가진다는 것은 목축하고 생명을 보존하는 데 필수적인 일이었다. 그래서 우물은 크나큰 재산이었다.

이삭은 그랄 사람들이 시비를 걸어와도 다투지 않았다. 오히려 그는 양보하고 손해 보면서 다른 곳으로 떠났다. 그런데 놀라운 점은 하나님은 양보하는 이삭의 편이 되어 주셨다는 것이다. 양보하면 손해를 볼 것 같은데 손해를 보지 않았다. 하나님은 손해를 보며 양보하는 이삭에게 오히려 복을 내려주셨다.

양보는 소통에서 아주 중요한 미덕이다. 양보할 줄 모르는 사람과는 함께 일할 수 없다. 자기 고집만 세우니 누가 함께 사역하고 싶겠는가? 다른 사람의 말에 귀 기울이고 다른 사람의 편의를 생각할 줄 알아야 한다.

양보는 다툼과 싸움을 막는다. 이삭의 아버지 아브라함도 양보의 사람이었다. 아브라함과 조카 롯은 애굽에서 나올 때 부자가 되었다. 좁은 지역에서 이들이 함께 목축하기가 어렵게 되었다. 결국 아브라함의 종들과 롯의 종들이 서로 다투게 되었다. 아브라함은 서로 다투는 것이 싫었다.

아브라함은 조카보다 우선권이 있었다. 그러나 그는 기득권을 양보하고 포기했다. 조카에게 선택권을 먼저 주었다. 그런데 하나님은 양보하고 포기한 아브라함에게 더 큰 복을 주셨다. 한편, 조카 롯은 자기 실속을 다 챙기는 사람이었다. 질서도 모르고 양보도 몰랐다. 자기가 갖고 싶은 아름답고 기름진 땅을 차지했다. 그러나 그는 저주의 땅을 선택했다. 아브라함과 조카 롯의 가정에 다툼을 멈추게 한 것이 무엇인가? 삼촌인 아브라함이 양보하는 아량을 베푼 것이다.

만약 당신이 아브라함과 롯의 상황에 부닥쳤다면 어떻게 하겠는가? 가위바위보를 하든지, 그렇지 않으면 목소리를 높였을 것이다. 서로 양보하기보다는 좋은 것을 움켜쥐기 위해 애썼을 것이다. 그렇게 되면 마음이 상하게 되고 원망하는 마음이 불거지게 된다.

다툼이나 싸움은 둘 다 욕심내기 때문이다. 자기주장을 꺾지 않기 때문이다. 서로 이권을 챙기려고 욕심 부리기 때문에 싸울 수밖에 없다. 부부가 서로 싸우는 이유는 둘 다 똑같기 때문이다. 아무리 시비를 걸더라도 한쪽이 양보하고 지면 싸움은 멈춘다.

어느 마을에 두 농부가 살고 있었다. 어느 날 두 농부는 소달구지를 몰고 가다가 좁은 다리 위에서 만났다. 한 농부가 말했다.

"비켜! 나는 빨리 시장에 가야 한단 말이야!"

그러자 이에 질세라 다른 농부도 고집했다.

"네가 먼저 비키란 말이야! 나는 안 바쁜 줄 알아?"

결국 두 농부는 한참 동안 옥신각신 싸웠다. 그러는 사이 시간이 많이 흘렀다. 그때 한 나그네가 다리를 건너가려다가 이 광경을 보고 말했다.

"여보시오. 서로 바쁘다고 하면서 왜 싸우고만 있소. 한 사람이 비켜줘서 다른 사람이 먼저 지나가게 하면 더 좋을 거 아니오!"

그렇다. 서로 한발씩만 양보하고 상대방의 편의를 봐주면 세상은 아름다워진다. 그런데 무슨 일이든지 자기 생각만 하고 자기 고집대로만 하려고 하면 싸움이 날 수밖에 없다. 거기에는 소통도 불가능하고 함께 동역하는 일도 어렵다.

이기적인 사람은 다툼과 싸움을 일삼는다. 그러나 포기하고 양보하는 사람이 있으면 다툼도 끝난다. 지는 것이 이기는 것이다. 다투고 싸울 정도이면 차라리 지는 것이 더욱 덕스럽다. 행복한 공동체에서 싸우거나 다투지 말라. 다투고 싸워서 유익한 것은 없다. 상대방이 다투기 위해 시비를 걸어도 양보하면 다툼은 멈춘다. 하나님은 손해 본 것을 다른 방법으로 채워주신다.

때때로 예배당에서 자리 때문에 얼굴을 붉히는 성도들이 있다. 성도들을 보면 평소에 앉는 자리가 있다. 아마 익숙하기에 선호하는 것 같다. 어떤 분은 "난 다른 자리에 앉으면 은혜가 안 된다"고 말하기도 한다. 그러나 다른 사람을 위해 자리를 양보하는 미덕을 발휘하면 어떨까?

웬만한 교회는 충분한 주차장 시설을 확보하지 못한다. 그래서 교회 성장 요인 가운데 하나는 넓은 주차 공간을 확보하는 일이다. 예배드리러 왔는데 주차 때문에 기분 상해서 예배당으로 들어올 때도 있다. 개중에는 아예 기분이 나빠서 집으로 돌아가는 예도 있다. 심지어 교회를 옮기는 일도 있다. 어디 그뿐인가? 예배를 마치고 나갈 때 빽빽하게 주차된 공간을 빠져나가다 보면 한참 동안 기다리는 경우가 허다하다. 그럴 때면 은혜 받고 나오면서 서로 얼굴 붉히고, 심지어 욕설까지 퍼붓고 싸움이 벌어지기도 한다.

교회에서 점심 식사를 함께하는 때가 잦다. 한꺼번에 나오는 성도들 때문에 식당은 북새통을 이룬다. 그때 몸이 불편한 분도 있고, 나이 드신 분들도 있다. 서로 좀 배려해주고 양보해주면 밥맛이 훨씬 더 나지 않을까?

교회에서 버스를 운영할 때에도 자리를 차지하기 위해 쟁탈전을 벌이는 일도 있다. 예배드리기 위해 오거나, 마치고 돌아가는 길이 아닌가? 좀 힘들더라도 자리를 양보해주는 미덕을 가지면 좋지 않겠는가? 그런데 서로 자리를 차지하려고 서두르는 모습을 보게 된다. 심지어 오지도 않은 사람들을 위해 여기저기 자리를 확보하려는 얌체 행동을 하기도 한다.

행복한 교회는 서로 배려하고 양보하는 마음을 가진다. 희생하고 양보할 때 상대가 감동하고, 감동은 꼬리에 꼬리를 물고 확대 재생산된다. 아름다운 하모니를 이루기 위해서는 양보와 배려의 미덕이 필요하다. 교회는 개인플레이가 아니라 팀플레이를 즐겨야 한다. 다툼이나 싸울 상황이 되면 차라리 양보하고 말자. 매사에 꼭 앞서야 하고, 이겨야 하며, 내가 먼저 많이 가져야 하는 사람이 있다. 이런 사람은 반드시 다투고 싸운다. 그래서 공동체를 불행하게 만든다. 양보는 도량이 큰 자, 아량이 큰 자만이 할 수 있다. 채우기는 잘하지만 비우는 것은 어려운 일이 아니던가! 양보란 자기를 비우고 포기하는 일이다. 그렇게 보면 양보하는 사람이야말로 큰 인물이 아니겠는가!

차이를 넘어 조화로 나아가라

교회는 다양한 사람들로 구성되어 있다. 박사학위를 가진 사람이 있는가 하면 초등학교도 졸업하지 못한 사람도 있다. 저택에 사는 사람이 있는가 하면 초라한 사글세에서 생활하는 성도도 있다. 큰 회사를 경영하는 회장이 있는가 하면, 자그마한 회사에서 말단 직원으로 있는 성도도 있다. 지역적으로도 아주 다양하다. 나이도 너무 다르다. 쌍둥이도 차이가 있다는데 교회야말로 오죽하겠는가?

그러나 이런 차이보다 어려운 문제는 기질적인 차이다. 교회는 아주 다양한 기질을 가진 성도가 함께 섬기고 있다. 성격 유형검사(DISK)를 해도 아주 다양하다. 나는 안정형과 신중형이다. 그러나 함께 동역하는 장로나 성도들 가운데는 주도형이나 사교형도 많다. 주도형 사람들은 신중형과 안정형인 나를 이해하기 어려울 것이다. 신중형과 안정형인 나도 주도형이나 사교형이 하는 행동을 이해하기 어려울 때가 많다.

나는 어떤 일이든지 함부로 대들지 않는다. 앞뒤를 재보고 분석한다. 기도하고 생각하고 또 한 번 더 하는 스타일이다. 그러다 보니 일이 느릴 수 있다. 때때로 장애물에 막히면 물러서고 내려놓는다. 천천히 간다. 그런데 주도형의 사람들은 나의 행동이 이해되지 않을 것이다. 나는 갈등하고 다투는 것보다는 평안한 게 좋다. 그러나 어떤 분들은 다소간의 불편함과 갈등이 생기더라도 일을 추진한다. 일하다 보면 그런 것을 감수할 수밖에 없다는 것이다.

이때 사람들은 흑백논리로 접근하려고 한다. 이것은 옳고 저것은 틀렸다는 식이다. 이것이 문제이다. 단지 차이일 뿐이다. 옳고 그름의 문제가 아니다. 맞고 틀림의 문제도 아니다. 그런데 대부분의 사람은 자기는 옳고 상대방은 틀렸다고 생각한다. 자신을 객관화하는 것이 절대 쉬운 일이 아니다. 자신을 정확히 평가하는 눈을 갖기 어렵다. 대부분의 사람은 자기 처지에서 판단하고 행동한다.

임신한 여인이 있었다. 그의 얼굴을 본 시어머니가 말했다.

"너, 요즘 얼굴이 좋아졌구나."

그런데 그의 얼굴을 바라보는 친정엄마는 달랐다.

"노산이라 몸이 부대끼나 보다. 얼굴이 많이 부었구나."

한 여인이 "남편이 매일 늦게 온다"고 투정부렸다. 그랬더니 시어머니가 말했다.

"우리 아들 많이 피곤하겠네."

그런데 친정엄마는 달랐다.

"너 혼자 힘들겠구나."

같은 상황에서 이렇게 다르다. 시각이 다르니 갈등이 생기지 않는 게 이상하다. 그래서 시어머니와 며느리 사이는 영원히 풀 수 없는 수수께끼라고 말한다.

시각을 달리하지 않고는 차이를 극복하기 어렵다. 생각을 바꾸지 않으면 차이의 장벽을 뛰어넘을 수 없다. 그래서 함께 사역하면서 상대방을 비난하고 정죄한다. 영적으로 그렇게 성숙한 바울과 바나바도 마가 요한을 함께 데리고 갈 것인가, 말 것인가 하는 문제를 놓고 심하게 다투지 않았던가! 일 중심적인 바울은 바나바가 이해되지 않았다. 관계 중심적인 바나바도 바울을 이해할 수 없었다. 결국 이들은 서로 다른 길을 선택함으로써 갈등을 해소했다.

교회 안에서 다투고 갈등하는 문제들을 보라. 외형적으로는 정의의 문제요 진리의 문제라고 말한다. 그러나 솔직히 털어놓는다면 차이를 좁히지 못하기 때문이다. 의견 차이, 기호도의 차이, 생각의 차이를 뛰어넘지 못하기 때문에 서로 갈등하고 다툰다. 신학적인 차이라고 거창하게 내걸지만 사실은 그렇지 않은 경우가 허다하다.

차이를 갖고 있다는 것은 불편하다. 서로 맞추려고 하는데도 잘되지 않으면 짜증스럽다. 차이를 받아들이기 어려우면 심각하게 감정 대립이 된다. 그러나 차이는 다양성을 즐길 기회이다. 조용한 사람만 있다면 모임이 무슨 재미가 있겠는가? 외향적이고 사교적인 사람이 있기 때문에 행복하다. 그러나 사교적이고 외향적인 사람만 있으면 너무 떠들썩하고 차분한 분위기는 사라질 것이다.

적극적이고 모험적인 성향을 가진 사람이 있어야 한다. 동시에 차분하고 내성적인 사람도 있어야 한다. 그래야 서로의 약점이 보완될 수 있다. 서로 다른 사람이 조화를 이룰 때 멋진 능력과 힘을 발휘할 수 있다. 그런데 하모니를 이루는 과정이 너무 힘들다.

행복한 교회는 차이를 넘어 협력으로 나아간다. 차이야 있을 수밖에 없다. 차이가 없는 게 도리어 이상하다. 문제는 차이를 극복하고 협력으로 나아가는 것이다. 협력은 차이를 인정할 때 가능하다. 차이는 틀린 게 아니고 다른 것일 뿐임을 인정할 때 서로 받아들일 수 있다. 상대방의 다름을 인정하고 존중할 때 협력하고자 하는 마음이 생긴다.

협력하는 사람은 아집을 부리지 않는다. 고집이 문제이다. 자기 잘

난 멋에 사는 사람은 상대방이 가진 장점을 볼 수 없다. 자신이 다 옳은 줄 안다. 그러니 협력할 수 없다. 사역을 이루기 위해서는 자신을 내려놓아야 한다. 사역을 이루기 위해서는 자신의 성향도 내려놓아야 한다. 자신의 기질도 포기해야 한다. 자기 색깔에 충실한 사람은 절대 연합을 이룰 수 없다.

차이를 극복하지 못하면 웃음이 사라진다. 생각의 차이, 취향의 차이, 기질의 차이를 극복하지 못하고서 행복한 공동체를 이룰 수 없다. 차이에 연연하면서 어떻게 조화와 연합을 이룰 수 있겠는가? 우리가 가진 차이는 하나님의 일만큼 중요하지 않다. 나의 취향이 그리스도의 몸보다 소중하지 않다. 그 어떤 차이도 사역을 위해서는 극복되어야 한다. 내려놓을 것은 내려놓고 포기할 것은 포기해야 한다. 그리스도의 몸인 교회를 위해서! 하나님의 나라를 위하여!

유대인이나 헬라인이나 하나님 안에서는 차별이 없다. 이들은 십자가 안에서 조화를 이루어 하나로 연합해야 한다. 화평을 이루지 못한 공동체에서는 웃음이 나오지 않는다. 분열된 힘으로는 사역을 성취할 수 없다. 사역이 개인적인 성향이나 기질보다 더 중요하다. 차이가 가로막는 소통의 문을 열고 이제 조화와 연합의 세계로 나아가야 한다. 경쟁 구도가 아닌 연합과 협력 구도로 나아가야 한다. 그럴 때 우리는 행복한 교회에서 행복한 신앙생활을 누릴 수 있게 될 것이다.

■ 교인으로서 나를 점검하기 1

이 책을 읽고 행복한 교회를 만들기 위해서 지금 당신이 해야 할
가장 중요한 일은 무엇이라고 생각합니까? 스스로를 점검해 보세요!

....

....

....

....

....

....

■ 교인으로서 나를 점검하기 2

이 책을 읽고 행복한 교회를 만들기 위해서 지금 당신이 해야 할 가장 중요한 일은 무엇이라고 생각합니까? 스스로를 점검해 보세요!

....

....

....

....

....

....